経済評論家の父から息子への手紙

お金と人生と幸せについて

山崎 元

HAJIME YAMAZAKI

Gakken

まえがき

著者は大学に入学した息子に宛てて手紙を書いた。文面の一部に「お金の稼ぎ方・増やし方」についても思うところを書いた。本書は、主にその内容を必要十分な程度に詳しく説明したものだ。

想定する読者は、第一に著者から見て息子や娘のような年齢の、これから働き、お金を稼ぎ、増やして、使っていく「若い人」だ。もちろん、息子本人も含まれる。

子どもたちも含めて、読者には、お金を、効率良く稼いで、正しく増やし、気持ち良く使ってほしい。そのための、考え方と具体的な方法を伝えることが本書の目的だ。

著者は、自分の息子たち・娘たちを含めて、若い人に対して「大いにお金を稼げ」と言うつもりはない。お金は、目的ではなく手段に過ぎない。必要なだけあれば、それでいい。大金持ちを目指してもいいし、目指さなくてもいい。そこは、それぞれの勝手でいい。

ただ、お金の稼ぎ方、増やし方で、「不利な側」には回ってほしくない。世間に流されてぼんやりと働いていると、一方的に「利益を提供する側」に回って損をする。資本主義経済はそういう仕組みになっている。また、自称お金のプロのアドバイスに従うと、すっかり「カモ！」にされるようにもできている。

特に影響が大きいのは働き方だ。

就職活動（就活）のシーズンになると、みなよく似たリクルートスーツに身を包んで会社説明会に赴く学生の映像が報道される。そして、翌春には、首尾良く就職に成功した学生たちが大企業の入社式に臨む映像が流れるのだが、著者は、いつも彼らを見て「悲惨だな」と思う。

彼らの大半が、経済の「不利な側」に回って、企業に利益を吸われて効率の悪い一生を送る。そして、区別が付きにくいくらい同じスーツと表情に象徴されるように、彼らの大半は使う側から見て「取り替え可能な存在」として弱い立場で会社員人生を送る。

正社員の立場を得たことに本人たちも安心し、親にも褒められる。しかし、親世代の時代と今とでは、有利な働き方・稼ぎ方のあり方がすっかり変わっていることに親子ともども気づいていない。持つべき働き方のマインド・セットは、ある部分ではかつてと「真逆」と言っていいくらいに変化している。

生まれながらの大富豪のようなレアなケースを除くと、人生の豊かさを決める主な要素は働き方だ。

本書では、まず、かつての働き方がなぜダメなのかを確認して、どのように働くのが有利なのかを理由とともに説明する。その上で、一生を通じて役に立つお金の扱い方、幸せな人生を送るためのあれこれなどを経済の仕組みとともにコンパクトにお伝えしたい。

以下、息子に話すつもりで書く。彼は、ちょうど大学に入ったところなので本書の話題には具合がいい。働き方・稼ぎ方について考えるには大学に入ったくらいのタイミングがいい。卒業時点では少し遅い。18歳から大人なのだ。甘やかす必要はない。時に口調が乱暴になるかもしれないがご容赦いただきたい。

読者にとって実用的で役に立つことを第一に心掛ける。機嫌の良い人生を送るお役に立てたら幸いだ。

目次

株式投資の正確な意味を知る
生産には「資本」と「労働力」を使う
資本とは雑多な財産に貼られたラベルに過ぎない
典型的には、労働者が利益を提供してくれる
リスクを取りたくない労働者が安い賃金で我慢する
「取り替え可能」な労働者は立場が弱い
資本家と債権者の力関係は変化する
資本家をカモにする「労働者タイプB」の出現
「労働者タイプA」のみになることを全力で回避せよ
「労働者タイプB」をほどほどに目指せ
株式のリターンは成長からではなく株価形成から生じる
株価は将来利益の割引現在価値だ
高成長でも、低成長でも、割引率が同じなら期待リターンは同じ
分散投資は投資家が自分でできる運用の改善だ
株式投資は「働かないで稼ぐ」ことではない
お金の問題は感情を排して理屈と計算で考える
人間関係とお金の問題を完全に切り離せ

第一章
働き方・稼ぎ方

「昭和生まれの働き方常識」は〝割が悪い〟

さて、息子よ、始めるぞ。

まず、古い世代の働き方の常識がどのようなもので、なぜダメになったのかを確認しよう。元号にさしたる意味はないが、「昭和生まれの働き方常識」とは以下のようなものだ。

「安定した職を得て、出世して、労働を高くかつ長く売る」というのがその要約だ。典型的な良い就職先は、大企業であり、国家公務員だった。医師や弁護士のような時間単価が高くて「食いっぱぐれがない」職業もいい仕事だとされた。

サラリーマンの場合なら、「できるだけ大手の安定した会社に入り」、

「失敗を避けながら人事評価上の競争を勝ち抜いて」、「なるべく偉くなること」が目指すべき職業人生だった。部長、役員などと最終ポストが上がると年収が増える。退職金や、退職後の待遇でも差がつく。相対的にはまあまあのお金持ちになることができた。

一方、「クビになる」ことのコストは極めて大きかった。クビになった会社と同程度の安定感や社会的なステイタスを持っていて、同じような報酬をくれる企業への再就職は大変難しかったからだ。

このような事情だから、大企業に就職してそこに勤め続けることが重要だった。

だが、一つの組織に居続けるとなると重要性が増すのが人事だ。人事評価で失点を受けると、これが一生尾を引く可能性があった。雇う側から見ると、人事評価の差を餌に、たいしたお金を払わずに社員を大いに働かせることができた。

人事は、基本的に好き嫌いで決まる。これは現代でもそうだし、世界的にそうだ。嫌われた者が脱落するシステムなのだ。評定者の言いなりになることが求められる。「悪目立ち」することを避けるのが、サラリーマンの心得だった。

しかし、旧来型の働き方では、同期入社100人のうちの1人か2人しか出ない役員になるような成功者でも、「より高い給与・ボーナス」という形で、自分の時間を売ってお金を得ていたに過ぎない点に注意しよう。サラリーマンは、出世して、自分の労働時間の単価を上げて、長く勤めて、より大きなお金を手にしようとした。

他方に、医師や弁護士のような専門職になって、「高い時間単価」を得る労働を売る手段もあった。長年「収入が良く、社会的なステータスが高く、安定していて、いい商売だ」とされていた。ただし、これらの専門職も「自分の時間を売ってお金を得る」時間売りのビジネス・モデルであることに変わりはない。

こうした状況は今でも残っているが、「大企業役員」、「医師」、「弁護士」のような職業の成功者は、せいぜい数億円単位程度の資産を持つ「中金持ち」になるに過ぎない。しかも、多くの場合それは晩年に入ってからだ。その割にはポジションを得る上でのハードルが高い。

古い働き方常識に従うと、大いに不自由な職業人生を送り、小さな確率で成功するものの、成功しても大金持ちにはなれない。つまらない。割が悪いからやめておけ。

より正確に言うと、いったん企業に就職してもいいが、早く別の選択肢を持つべきだし、企業との関わり方・働き方には昭和世代とは異なるスタイルが求められる。当面の職と収入の安定に満足して、ぼんやり過ごしていると人生のチャンスをどんどん失っていく。

「新しい働き方」は効率性と自由を求める

昭和の働き方が是とされたのは、経済全体が成長していたこともあるが、それ以上に社員の側の交渉力が弱かったからだ。

一つには、転職が難しくて会社を辞めるという選択肢が行使しにくかった。

また、もう一つには、会社が用意したポストと働き方で会社の言いなりに働いているので、会社側から見て「自分の代わり」がたくさんいることも、使う側の力の強さにつながっていた。この点は、働く側の工夫のなさにも問題があった。

「新しい働き方」は、第一に、稼ぎに「時間の切り売り」では達成できない効率性を求めて、なるべく若い時点で効率良く財産を作ることを目指す。

第二に、働き方の「自由」の範囲をかつてよりも、もっと大きく拡げたい。

そして、二つの目的は矛盾しないので、安心してほしい。一方のより良い達成を目指すことが他方の達成をもサポートする相乗効果がある。

そのために**必要なマインド・セットは、（1）常に適度な「リスクを取ること」、（2）他人と異なることを恐れずにむしろそのために「工夫をすること」の2点だ。**

息子よ。君に宛てた手紙の中では、「『自分を磨き、リスクを抑えて、確実に稼ぐ』ことを目指す古いパターンよりも、『自分に投資することは同じだが、失敗しても致命的でない程度のリスクを積極的に取って、リスクの対価も受け取る』のが、新しい時代の稼ぎ方のコツだ。リスクに対する働きかけ方が逆方向に変わった」と書いた。あの部分の意味はこういうことだ。

株式による報酬を取り込め

さて、新しい働き方の、具体的な手段の要点は「株式とうまく関わること」だ。これに尽きる。

少し極端な例だが、「Ｆｏｒｂｅｓ（フォーブス）」誌による２０２３年の世界の長者番付の上位10人を見てみよう。

１位から10位まですべて、手持ちの株式の評価額が大きいことで富豪になっている人々だ。仕事の内容としては、有名投資家のウォーレン・バフェット氏が少々異質だが、多くは企業の創業者で自分の会社の株を

世界の長者番付トップ10

順位	名前	関連	国	年齢	資産額（10億）ドル	資産額（兆円）
1	ベルナール・アルノー家	LVMH	フランス	74	211.0	27.85
2	イーロン・マスク	テスラ、スペースX	アメリカ	51	180.0	23.76
3	ジェフ・ベゾス	アマゾン	アメリカ	59	114.0	15.05
4	ラリー・エリソン	オラクル	アメリカ	78	107.0	14.12
5	ウォーレン・バフェット	バークシャー・ハサウェイ	アメリカ	92	106.0	13.99
6	ビル・ゲイツ	マイクロソフト	アメリカ	67	104.0	13.73
7	マイケル・ブルームバーグ	ブルームバーグ	アメリカ	81	94.5	12.47
8	カルロス・スリム・ヘルー家	テレフォノス・デ・メヒコ	メキシコ	83	93.0	12.28
9	ムケシュ・アンバニ	リライアンス・インダストリーズ	インド	65	83.4	11.01
10	スティーブ・バルマー	マイクロソフト	アメリカ	67	80.7	10.65

（Forbes.2023年）

大きく持ったまま会社を成長させて富豪になっている。

だが、この中で最も注目すべきは、第10位にランクインしているスティーブ・バルマー氏だろう。バルマー氏はマイクロソフト社の長年の社員で創業者のビル・ゲイツ氏に信頼されていたが、天才ではない「ただのサラリーマン」だ。しかも、ゲイツ氏の後にマイクロソフト社の社長を務めたが、バルマー時代のマイクロソフトは業績が停滞した。それでも、マイクロソフトの株式を持ち続けていたら、次の社長の時代の同社の再成長による株式時価総額の増大で、資産評価額10兆円を超える富豪となって番付にランクインした。経済的には、世界で最も成功したサラリーマンだろう。

ここにいる人々はすべて、自分の時間を売って毎年報酬を稼いで、それを積み重ねて富豪になった訳ではない。彼らの資産は株式によって作られている。

株式には資産の形成をスピードアップさせる要因がいくつか組み込まれている。これからの時代に効率良く資産を作るためには、株式と上手く関わることが必要だ。

手短に言うと、株式性の報酬を利用することに成功した者は、広い範囲の労働者から利益をピンハネできる「会社」の一部を権利として持つ。そして、その権利は、成長性まで含めて、さらに将来の分までまとめて評価された価値を「今」手に入れることができる手段でもある。だから、短期間に、大きな資産を手に入れることができる。株式の性質については、後で詳しく説明するが、これ以外にも株式には効率良くお金を作りやすい性質がある。

株式の利用方法を知っている方が断然得なのだ。

加えて、今や、お金持ちになるために目指すべき方向性は、旧来型の「リスクを取らずに堅実にポイントを積み重ねる」から、「適度にリスクを取って、早く大きなリターンを得ることを目指す」に、180度変わった。これは、ベンチャーの起業に参加するような場合だけでなく、ストックオプションをくれるような会社で働く場合の心構えについても言えることだ。

適切なリスクを取り続けることと、他人とちがう労働力になる工夫が必要なのだ。「リスクを取らずに、他人と同じように働きたい」という希望を持つと、不利な側へ、不利な側へと経済的な「重力」が働く。

経済の世界は、リスクを取ってもいいと思う人が、リスクを取りたくない人から、利益を吸い上げるようにできている。このことが、今はよりはっきりと現れつつあり、現在、その気づきの効果が大きい。

広く学生に言いたい。周囲と同じ「就活」を行って何十枚もエントリーシートを書き、仮に首尾良くまあまあの大企業に就職できたとしても、それは人生のゴールにはほど遠いし、職業人生の魅力的なスタート地点ですらない可能性が大きい。

「株式で稼ぐ働き方」を実践せよ

「株式」に上手く関わって稼げと述べた。株式運用でお金を「増やせ」、というのではなく、株式ないし株式に連動する形で報酬を得て「稼げ」

ということだ。君は、具体的にはどうしたらいいのか？

手紙では、「起業でも、ベンチャーへの参加でも、ストックオプションをくれる会社への転職でもいい」とも述べたのだが、整理して伝えよう。

次の４つの方法がある。

（1）自分で起業する

（2）早い段階で起業に参加する

（3）報酬の大きな部分を自社株ないし自社株のストックオプションで支払ってくれる会社で働く（外資系企業に多い）

（4）起業の初期段階で出資させてもらう

順に説明しよう。

（1）自分で起業する

自分で会社を興し、この会社の株式を公開して、株式の価値によって大きなお金を得る。まずは、このパターンが王道だ。長者番付の上位だけでなく、長いリストには延々と成功した起業家株式長者の名が並ぶ。新しいビジネス（「サービス」あるいは「商品の販売」）を思いついたら、会社を作って人を雇い、拡大することを目指す。まずは、これが基本だ。

ただし、起業の成功確率は、古来、そう大きなものではない。かつて経済学者のケインズは、有名な『雇用・利子・貨幣の一般理論』の第12章で、経済における起業家の役割の重要性を指摘しつつも、起業それ自体の成功確率が小さくて経済的期待値が良くないこと、それにもかかわらず起業しようとする人材が現れることに半ば呆れながら感心している。

後者については、「アニマル・スピリッツ」によるとでも言うしかないと記して、経済学的な説明を放棄している（だが、幸い現代にも「アニマル」はいる）。

はたして、そのような割の悪い行動を、息子に勧めていいのか？「いいのだ」と今なら自信を持って言える。

まず、起業のコストが下がった。かつての製造業中心の産業構造の下での起業に比べて、インターネットを使った情報サービスを筆頭に、最近のビジネスの起業はかつてほどの資金を要しない場合が多い。しかも、公的な資金も含めて資金の調達はかつてよりも容易だ。株式会社を作る上での資本金も、かつては1000万円必要だったが、今や資本金は「1円」でもいい。

また、株式公開が容易になったおかげで、起業の成果を早く大きな金額で手に入れることが可能になった。かつて、起業して一代で株式公開まで漕ぎ着けることは相当な難事業だったが、今はずっと容易だ。

さらに、中途採用の増加などで労働市場の流動性が増して、起業に失敗した場合に再就職することが容易になったことは、起業者にとって起業の潜在的なコストを小さくしている。また、会社が雇った社員にとっても会社のビジネスが失敗することや自分が解雇されることのコストを下げている。

かつてであれば、学校の卒業時に起業を選び、「新卒」の時期の就職を逃すことは、生涯にわたる安定的な収入の可能性を放棄する大きな「機会費用」（ある選択によって放棄する最大の利益をコストと認識する概念）を意味したが、今なら、「起業の経験のある若者」を採用してくれる会社がたくさんある。

ただし、起業の主体になることが向いているかどうかは、本人の性格的な向き・不向きによるところがある。主に、人を雇い給料を払うことの経済的なリスク及び対人的なプレッシャーに耐えうるか否かが問題だろう。この問題には感じ方に大きな個人差がある。

「お金を払って働いてもらっているのだから、自分と社員の関係はフェアだ。上手くいかなかったら、『ごめん』と言って辞めてもらえばいい。こちらも大いに苦労しているのだから」という程度に考えることができて、給料を払える目処があれば、人を雇って会社を作ってみるといい。

一方、表に出ることが得意でないなら、別の道がある。次に述べるように起業家の初期のパートナーになって、「日本のスティーブ・バルマー」を目指すのでもいいだろう。

ちなみに、君の父親が自分の人生で起業しなかった大きな理由は、「人を雇うことのプレッシャーと責任感」を重く感じたからだったが、もっと気楽に考えたら良かった。今になって少し後悔がある。

一つ大事なことを言っておこう。

一般に、「社長」という種族はわがままだが、ベンチャーの社長はさらに輪をかけてわがままだ。**わがままな社長に振り回されて働くか、自分自身が他人を振り回す側に回るか、と考えた時、「自分が振り回す方がずっといい！」と考えることはそう悪いことではない。**

今や、普通の若者が自分で起業することを考えることに不自然さはない。

（2）早い段階で起業に参加する

起業が有望だとしても、「ビジネスの種」を自分で思いつくとは限らないし、自分が起業家に向いたタイプであるとも限らない。

自分が直接起業するよりも、起業の段階、あるいは起業から間もない段階でベンチャー企業に参加する可能性も検討してみたい。

チャンスに対しては敏感にアンテナを張りたい。なるべく頭のいい奴、面白い奴と付き合え。君がその分野の天才でないとしても、天才君たちは仲良くしてくれるだろうし、君の役割は見つかるはずだ。

ここで大事なのは、入社ないし、入社からあまり日を置かずに、自社株に対する権利を確定することだ。いついつのタイミングで、「自社株を何株付与する」、「自社株を○○○円で買うことができる権利（「ストックオプション」と言う）を××株分付与する」といった内容の約束を、できれば書面で交わしておく必要がある。

入社の経緯との関係で、いつ書面で条件を確定するかは難しいが、社長の口約束は信用しない方がいい。

私の親しい知人で、あるベンチャー企業の社長の右腕として創業時から関わり、社長からは「株式を公開する時までには発行株式の10％をあげるから、一緒に頑張ってほしい」と言われていた人物がいる。ところが、いざ株式の公開が可能になった時、金額を計算してみて株式を渡すことが惜しくなった社長に、半ば涙目で「1％でいいだろう」と懇願されて、受け入れざるを得なかったと言って笑っていた。それでも、億単位のお金にはなったのだが、予定がひと桁狂った。

ほぼ創業メンバーのような形での少人数からの参加でなくとも、社員番号で言って2桁くらいまでの参加であれば、後にメガベンチャーになった場合、勤めて10年くらい経った時に、「気がついたら、億を超えるお金ができていた」というような状態が生じる場合はよくある。

株式の公開に至る見込みは十分あるか、そこで働いていることが自分のプラスになっているか、といったことを見極めながら、ベンチャー企業に「どこまで付き合うか」を自分で判断する必要があるが、短期間で大きなお金を作ることができるパターンの一つだ。

繰り返しになるが、社長というものはわがままだ。繰り返すほどわがままなのかと問われたら、そうだと答えるしかない。そして、ベンチャー企業の社長はさらにわがままで、気まぐれだ。一緒に働くには苦労が多いはずなので、ベンチャー企業への入社にあたっては「社長との個人的な相性」は大いに考慮すべき材料だ。

ベンチャーの仕事はきつい。例えば、マイクロソフト社の創業者で大富豪のビル・ゲイツ氏のような人が、後年になってから「人生には仕事よりも大切なものがある。必要な時には休んでほしい」などとワークライフバランスの重要性を説いたりすることがあるが、この種の立志伝中の人物は、特に創業期にはほぼ例外なくワーカホリックと言っても過言でない仕事の虫だ。ビル・ゲイツ氏は、創業間もないころ、窓から外の駐車場を眺めて、早く帰ってしまう社員をチェックしていたと後年明かしている。何と執念深いことか。ビル・ゲイツ氏のような才人にしてもそうなのだ。

（3）報酬の大きな部分を自社株ないし自社株のストックオプションで支払ってくれる会社で働く

創業期のベンチャー企業ではなくとも、成長期にある企業では、社員に人件費として支払うキャッシュを節約したい。このため、社員に対して、「給料（ベース・サラリー）＋ボーナス＋ストックオプション」のような形で、自社株に絡む報酬を支払う場合がある。

うまくいくと、会社はキャッシュの流出を抑えられて、従業員は株価の上昇から経済的に潤うような「給料はウォール街が払ってくれる」と言えるような好循環が生まれる（この種のプランを用意している会社は外資系企業に多い）。

理想的な就職先は、例えば「１９９０年代のマイクロソフト」のような会社だ。私の妹（11歳下である）は、１９９２年に兄の助言に従い同社に入社して約10年勤めたが、10年目には、一般的な勤労者の所得程度の暮らしが運用益で可能な程度の資産をストックオプションで持っていた。彼女の同期たちには、その時期に彼女の2倍以上の価値のオプションを持っている者もいたという。

いわゆる「FIRE（経済的自立と早期リタイア）」が可能な資産を30代の前半で持っていたことになる。ちなみに、妹はその後に「守りに入る」ことは一切なかった。あれこれの経緯を経て、現在は独立して小さな会社を持っていて、経済的には兄よりもずっと裕福な暮らしをしている。

現実的には、当時のマイクロソフト社のような絶好の条件の会社を見つけることは難しいかもしれないが、堅実な業績を持っている会社が、自社株ないし自社株のストックオプションで報酬をくれる場合には、有利な報酬になる可能性が大きい。就職する企業は成長期のベンチャー企業でなくてもいい。「爆発力」は欠けるかもしれないが、それでも有利な場合が多い。

こうした就職の場合、自社株ないし自社株のストックオプションの付与に関しては、制度化されていたり、入社時の契約に含まれていたりするので、権利の確保が明確である場合が多く、交渉の手間が省けて好都合だ。条件をよく調べ、可能なら交渉して入社せよ。

（4）起業の初期段階で出資させてもらう

もう一つの可能性は、知り合いの起業の早い段階で株式を持たせてもらうことだ。

例えば、友人が面白いビジネスを思いついて起業する。当初の資本金が1000万円である場合に、そのうちの100万円を出資させてもらう。小さな起業の場合、１００万円が貴重な場合もあるし、ビジネスに関わるあれこれの相談に乗ったりサポートをする対価として株式の一部を持たせてもらうような関係も十分あり得るだろう。

その後、（2）のように会社の一員として働くのではなく、経営戦略や各種の技術などのアドバイザーとして、あるいは営業や人の紹介などの形で、外部から会社と関わるような関係になってもいい。こうした会社が株式公開に至った場合、もともと出資させてもらっていた株式が大きな価値を持つことが十分あり得る。

こうした機会を持つためには、友人関係や人脈の形成を通じて、チャンスに対するアンテナを張り続ける必要がある。「なるべく頭のいい奴、面白い奴と付き合え」という君へのアドバイスの一つの意味でもある。

この形式の興味深い点は、出資させてもらう自分が必ずしも若くなくてもいいことだ。例えば、人間関係とチャンスがあれば、息子ではなくても、父親の年代の者がベンチャー・ビジネスとこのような関わりを持つことも可能だろう。親世代の読者も参考とされたい。

株式性の報酬には複数の魅力がある

自社の株式ないしストックオプションで報酬を得る方法を説明したが、こうした「株式性の報酬」はどこがいいのだろうか。実は、有利なポイントが多数ある。

① 規模拡大による利益のかけ算（面的な拡大）

会社というものは、いったんうまくいき始めると、商品の生産を増やす、店舗を増やすといった形でビジネスを何倍にもスケールアップできる。

例えば、1人の社員の「利益生産額－人件費」をプラスにする仕組みができると、社員を100人、1000人、1万人と増やしていくことによって、利益を比例的に拡大することができる。この利益は当然のことながら、自分1人の稼ぎよりも遥かに大きなものとなり得る。成功した会社の株式を持つことによって、この利益拡大の一部を得ることができる。

② 将来利益が今評価される時間方向のかけ算（時間方向の拡大）

株価とは、大まかには一株当たりの将来の予想利益を現在価値で評価したものだ。

つまり、今年の利益だけでなく、来年、再来年……、さらに将来に稼ぐであろう利益を成長率に対する予想も織り込んで評価したものを「今の価値」として評価して取引する。事業が軌道に乗った会社の株式は、「面的な拡大」×「時間方向の拡大」の両方向からかけ算が働いて評価され、さらにしばしば成長率への「夢」までが加味された評価が生じる。

株式が公開できて上手くいった場合のアップサイドは極めて大きい。

③ 成功報酬は評価が甘くなりがちだ！

株式性の報酬の多くは、会社や個人の稼ぎの成果に応じて支払われる。つまり、「成功報酬」の性格が強い。実は、この成功報酬が曲者で、受け取る側から見ると条件が甘くなりがちなのだ。

お金の運用の世界では、「一定額（比率）の手数料の下に頑張ります」という固定手数料と、「利益を獲得したらその○○％を貰います」という成功報酬手数料の2種類の手数料の取り方があるが、成功報酬手数料の価値を金融論的に固定手数料に換算して評価すると、固定手数料の何倍にもなっていることが多い。しかも、成功報酬の実質的価値は、リスクを大きくすることで意図的に拡大することができる場合がある。いわゆるヘッジファンドの運用者が、旧来のファンドマネジャーよりも大金持ちなのは成功報酬型の手数料のおかげだ。率直に言って、成功報酬で契約する客が愚かな面もあるのだが、世の中に成功報酬型の契約は少なくない。

株式性の報酬は成功報酬的に与えられることが多く、固定的な給料の形で受け取る報酬よりも大幅に有利になりがちだ。

なお、「成功報酬」の価値がリスクをより大きく取ると拡大することは、ビジネスパーソンの世界で近年強調されることの多い「成果主義」にも当てはまる。**成果主義では、無難を目指すよりも、リスクを大きく取る方が有利だ。**このマインド・セットがあるかないかは、将来の報酬を大きく左右するはずだからよく覚えておけ。

④ 株式の報酬はキャッシュの報酬よりも甘くなりがち

株式性の報酬は、支払う側が気楽なので条件が甘くなりやすいことも見逃せない。成長期の企業は事業拡張に投資したいので、人件費の形でキャッシュが流出することを好まない。そこで、報酬の一部を株式性の権利で支払うと、キャッシュの流出を抑制できる。そして、ただちにはキャッシュの負担をもたらさない支払いなので、キャッシュで支払う報酬よりも条件が甘くなることが多い。

⑤ 株式のリターンは賃金上昇率よりも大きい

詳しい仕組みは次章で説明するが、株式のリターンは賃金の上昇率よりも大きくなりがちだ。株式性の報酬は貰った瞬間には換金できない場合が多いが、その間にもリターンを稼いでくれる公算が大きい。

大金持ちになる方法の鍵は「有利で安全なレバレッジ」

株式性の報酬を受け取る働き方の「アップサイド」が大きいことは分かっただろう。では、「ダウンサイド」はどうなのか。

株式性の報酬を目指して働く場合のダウンサイドは、せいぜいが「クビになる」ことにとどまる。個人が借金を負うようなリスクを取らなくていい点がポイントだ。

投資でお金持ちになろうとすることと比較してみよう。

単純な借金は危険過ぎる

後で紹介するインデックスファンドへの投資は、他の手段と比べてリスクと比較したリターンの効率がいい。しかし、リターンの期待値は「短期金利（無リスクの金利）＋年率5％くらい」という、これでも十分ありがたいのだが、現実としては地味な水準だ。資産の成長スピードは速くない。

ここで、一つのアイデアは、借金を使って投資額を増やすことだろう。例えば1億円を無利息で借りることができて、インデックスファンドの期待リターンを5％とすると、「期待値としては」税引き後で約4％、金額にして約400万円の利益を年間に得られると皮算用できる。

しかし、年利4％の複利で1億円を運用して2倍にするには、約18年間かかる計算だ。1億円作るために（2億円のうち1億円は返さなければならない）18年はいかにも遅い。

しかも、相手は株価であり、年間に3割くらいは平気で下落することがある。仮にお金を借りた翌年に3割下落が起こり、マイナス3千万円の時点で「借金を返せ」と請求されたら自己破産するしかないかもしれない。3千万円の借金はいかにも重い。

また、そもそも、「使途は株式投資」または「使途自由」という条件で、個人が大きなお金を無利息または低利で借り入れることは難しい。

不動産投資は楽なものではない

個人がリーズナブルな金利で大きな借り入れが可能なのは、主として住宅ローンを用いた不動産投資だ。

しかし、大きな借金を背負い、特定の不動産物件に資産を集中させるリスクを負い、投資対象の換金性が良くないなど、この方法で資産を作ろうとするといくつか大きな問題がある。

投資用の不動産物件で借入金利や経費、税金などを差し引いた上で、実質的な利益の利回りが投資額に対して十分見合うと考えて計算が立ち、アパートなどに投資したとしよう。しかし、物件が不人気で空室が埋まらなかったり、家賃保証会社が倒産したり、物件にトラブルがあったりして、物件を売却して問題を解決しようとした時には、仮に売れたとしても、価格は投資額を大きく下回るだろう。すると手元に借金が残る。**そもそも、不動産投資が、「大丈夫」なものでも「有利」なものでもないことは、不動産業者が自ら物件を保有するのではなく、客を探して売っている状況が雄弁に物語っている。**「サラリーマンでも大家さん」「不動産投資で不労所得」といった甘言に乗るのは賢くないから、気をつけろ。

信用取引、FX、暗号資産は借金を伴うギャンブルだ

株式の個別銘柄への投資で勝ち続けると大きなお金を作ることができる計算が立つが、連勝は難しいし、大きく稼ごうとすると信用取引を使

うことになるが、信用取引もつまりは借金だ。

ＦＸ（外国為替証拠金取引）、暗号資産（いわゆる「仮想通貨」）への投資（ほとんど「投機」だが）でも、大きく儲けようとすると実質的な借金が発生し、見通しが外れるとあっという間に資産がゼロになったり、さらに借金が残ったりする。

これらの「トレーディング」は全く勧められない。自分なら上手くできると勘違いするな。

「クビ」のコストは総合的に小さい

例えばストックオプションでの儲けを目指してベンチャー企業で働き、クビになった場合のコストを詳しく見ると以下のようなものだ。

転職先が決まるまでの生活コストと手間、「クビ」という精神的ショック（気の持ちようだが）、ベンチャーで働いていた期間により給与のいい会社で働けばもらえたであろう給与との差額の機会費用、他の職場なら得られたかもしれない仕事のスキルや経験などだ。

かき集めると小さなコストではないかもしれないが、働いている期間は給料を貰って生活しているし、本人の働き方にもよるがベンチャーでの勤務は今後のキャリアとして悪くない経験のはずだ。

総合的に見て「失敗しても、コストは小さい」。小さなダウンサイドの可能性と引き換えに、大きなアップサイドが狙える点で、**株式性の報酬を目指す働き方は、個人が安全に使えるレバレッジ（梃子《てこ》）として、現在最も有利なものだろう。**繰り返すが、「失敗しても借金が残らない」。

例えば、学生時代から起業に関わるチャンスを模索してもいいし、就職の際には株式性の報酬についてよく考えるべきだ。

仮に将来サラリーマンになっていたとしても、転職、副業などを含めて、「株式性の報酬」を求めるといい。

肝心なのは、失敗しても借金が残らない形で、何度も試すことだ。

時代はゆっくりと、まだら模様に変化する

さて、ここまで、これからの時代に有利な働き方、稼ぎ方を説明した。

これからは、**（1）株式性の報酬と上手く関わること、（2）適度なリスクを取ること、（3）他人と同じにならないように工夫すること、**が肝心だ。頭に叩き込んでおけ。

さて、しかし、時代というものはゆっくりと、しかもまだら模様に変化するものだ。正しいとされる思想もそうだし、現実の社会や組織は思

想に大きく遅れて変化するのが普通だ。

例えば、日本企業にも成果に連動して報酬を支払う「成果主義」を取り入れるべきだという考え方が広く普及したのは遅く見ても1990年代のことだが、いまだに格好だけの目標と達成度の評価を決めて、年次・年齢別の給与テーブルの報酬に多少の上下差を付ける、本来の成果主義とは異なる、「陰気な成果主義」とでも言うしかない奇妙な人事評価制度を使っている企業が少なくない。

息子よ。仮に君が、特に公務員や学校（学者や先生）のような、企業よりも変化の遅い職場を選んだ場合、職場に働く常識や力学は「昭和の時代のまま」であることが少なくないはずだ。

また、かつての働き方の常識やコツで、時代を超えて有効な共通の考え方や方法もある。

これらについては、第三章で「働き方のコツ、覚え書き」としてまとめておくので、使えるものは使って、「いいとこ取り」的に利用してもらいたい。

第二章

お金の増やし方と資本主義経済の仕組み

前章では、自分が働いて稼ぐ方法を述べた。本章では、まず、自分が持っているお金を効率良く増やす方法について説明する。選んだ道によっては、株式性の報酬がある仕事に就けない場合もあるはずだ。だが、手元にはお金があるだろうからこれを活用せよ。そして、この場合にも、株式と上手く関わることが重要になる。

お金の増やし方自体は、簡単で誰にでもできる。方法は一つだけ覚えておけばいい。「一番効率の良い方法」があれば、老若男女誰でもその方法を使うといいのだ。余計なことを覚えなくていいのは当然だろう。

また、続けて、株式投資と資本主義経済の仕組みを説明する。理屈を頭に入れておけ。

父としては、本当は、「資本主義」という曖昧《あいまい》で手垢の付いた言葉を安易に使うのが好きではないのだが、ここでは生産手段（≒資本）も私有が許される経済を広く「資本主義」だとしておく。「経済」が、「人間」と「資本」を巡ってどう動いているのかを理解することが重要だ。世の中の「○○資本主義」がどうしたとか、「資本主義経済の行き詰まり」といった議論の多くは相手にしなくていい。理解が不正確でうるさいだけだ。

あらかじめ結論を言っておくと、資本主義経済は、リスクを取りたくない人間から、リスクを取ってもいい人間が利益を吸い上げるようにできている。この点がよく分かったことは、今回この本を書いてみたことによる、父の個人的収穫であった。そして、利益を吸い上げる際に介在するのが「資本」であり、資本に参加する手段が現代では「株式」だ。一度スッキリ分かっておくと、働く上でも、投資をする上でも、見通しが良くなるはずだ。

お金の運用について必要な「基本」はこれだけ

さて、君が稼いだお金の増やし方だ。手短に結論から述べよう。お金を効率良く増やすには、次のようにするといい。

（1）生活費の3～6カ月分を銀行の普通預金に取り分ける。残りを「運用資金」とする

（2）運用資金は全額「全世界株式のインデックスファンド」に投資する

（3）運用資金に回せるお金が増えたら同じものに追加投資する。お金が必要な事態が生じたら、必要なだけ部分解約してお金を使う

投資する金額の決め方、投資対象の選択、「買い」と「売り」のタイミングについて説明したので、**お金の運用について必要な「基本」はこれですべて説明したことになる。**簡単だろう?

「父ちゃんは、長年お金の運用を専門にしてきて、本もたくさん書いているのに、これだけかよ?」と君は言いたいかもしれない。だが、本当にこれでいいのだ。この運用法を上回ることは、運用の専門家にとっても簡単なことではない。

現実には、例えばNISAやiDeCoといった制度を利用すると得なので、使える制度は最大限有効に使うといいが、これらは、お金を運用する際に利用したら有利な置き場所であり、言わば「器」だ。その利用法は「基本」を実行する上でのアレンジに過ぎない。すべて、「全世界株式のインデックスファンド」ないしは、これに類似する運用商品に投資したらいい。

本書では、これらの制度について説明しない。制度は時々で変化するし、利用法は常識で分かるはずだからだ。

借金なしに済む「生活資金」は常に確保せよ

多少の支出の集中があっても借金をしないで済む程度のお金は、別途確保しておくべきだ。通常、生活費の3カ月から6カ月分くらいだろう。クレジットカードのリボルビング払いやキャッシングなどの細かな借金もしないように注意せよ。これらの借金残高に対する金利は高く（例えば年率15％）、運用の期待利回り（株式でも短期金利＋せいぜい5〜6％）を遥かに上回る暴利だ。

父は、かつて大学で講義する際に、「デートの際にクレジットカードをリボルビング払いで決済する相手とは結婚しない方がいい」と毎学期教えていた。経済観念の乏しい相手と結婚すると苦労するからだ。

運用資金は全額「全世界株式のインデックスファンド」でいい

運用資金の全額を「全世界株式のインデックスファンド」に投資していい。インデックスとは株価指数のことだが、全世界の株式で構成されたインデックスに連動する投資信託に投資するのだ。**今なら、通称「オルカン」こと「eMAXIS Slim 全世界株式（オール・カントリー）」でいい。**理由は、有利な形で分散投資されていて、運用の手数料が安いからだ。

手持ちの運用資金のすべてを株式に投資することに抵抗感があるかも

しれない。

インデックスファンドに投資した場合の株式投資のリターンは、100年に二、三度クラスの「最悪の場合」でも1年に3分の1くらいの損失、同じくらいの確率の「幸運な場合」では4割くらいの利益、平均的には短期金利がほぼ0％なら年率5～6％くらい、だと実務の世界や学者の間では考えられていて、父も「そんなものだろう」と思っている。正確な数字は誰も知らない。

本書の執筆時点の日本の短期金利はほぼゼロなので、これプラス5％と見て、株式投資の期待リターンをおおむね「年率5％」くらいだと考える。現在の日本の税制では、実現した利益に対して約2割の税金が掛かるので、実質は年率4％くらいとなる。

この条件に、運用資金のすべてを投入することに君は抵抗感があるだろうか？

確かに、「3分の1の損失」に当たると痛いし、日々の株価の変動が気になるかもしれない。

しかし、考えてみよう。特に、若いころの運用資金額はたかがしれたものであるはずだ。

これに対して、自分自身のその他の経済的リスクを考えると、会社やビジネスの浮沈、給与・ボーナスの変動や、転職などによる収入の改善や逆に減少、健康状態の変化、家族や周囲の状況の変化、など多くのリスクに直面しながら、これらに「何とか対処している」はずだ。例えば、お金が足りなくなれば、より多く働いて稼いだり、あるいは生活費を節約したりして、何とかなっているのではないか。

しかも、運用資金は「当面使わないお金」だ。数字で表れていて分かりやすいからといって、金融資産の損得にばかり注意を向けるのはバランスが良くない。

では、月日が経って投資が進み、金融資産の額が大きくなった時にはどうなのか。

この場合、「3分の1の損失」の金額は、収入のアップダウンよりもかなり大きなものになっているかもしれない。しかし、金融資産の額がそもそも大きいということは、それだけ経済的な余裕が大きくなっているということだ。

やはり、「運用資金」を全額「全世界株式のインデックスファンド」で持っていて問題がない場合が多いはずだ。

お金を引き出そうとした時に、株価が大きく下がっているような事態が「結果的に」あるかもしれない。その時には残念に思うだろうが、「意思決定時点の（事前の）選択として正しかった」けれども、運が悪かったのだと考えて納得せよ。

その損失は「サンクコスト」（埋没費用。既に発生していて取り返しが不可能なコストのことで、意思決定上は無視するのが正しい）だ。それ以上の意思決定はできなかったのだし、株価はコントロールできない。人生にあっては、コントロールできないことについて悩んでも仕方がない。できることは確率・期待値的に良い選択をして、後は好結果を祈るだけだ。それ以上はない。

しかも、損をしても、幸い「お金で済む話！」だ。命を取られたり、信用を失ったりするような問題ではない。

どうしても損が嫌なら「個人向け国債変動金利型10年満期」

本当は教えたくないのだが、「絶対に損をしないお金」を別途確保しておきたい場合は、「個人向け国債変動金利型10年満期」にお金を置くと、低利回りだが安全で無難だ。

商品の詳細は財務省のホームページで調べろ。銀行、証券会社、ゆうちょ銀行などの窓口で買える。十中八九、他の商品を勧められるだろうが、売る側が手数料の高い商品を買わせたいだけなので、窓口でのセールストークはすべて無視せよ。

金融機関はネット証券大手がいい

運用に使う金融機関は大手のネット証券がいい。取り扱い商品が豊富で手数料が安いことが長所だが、それ以上に人間のセールスマンと接触せずに済む点がいい。

父は長年世話になったので、これぐらいは言っておこうか。「楽天証券は悪くないはずだよ」。

君が、まだ小学校の低学年の時だった。一緒に風呂に入っていたら、「応援しているプロ野球チームがある」と言う。「どこだ?」と聞いたら、「楽天。父ちゃんが楽天だから」と答えた。何と素朴な。涙が出そうになるくらい可愛かったことを思い出した。

運用の三原則は「長期」「分散」「低コスト」

お金の運用は、**「長期（投資）」**、**「分散（投資）」**、**「低コスト（＝安い手数料）」**の3つを守ることでうまくいく。

何かしようとする前に、「長期、分散、低コスト」、「長期、分散、低コスト」……と何遍か唱えて、自分の行動がこれに合致するかどうかをチェックするといい。

「長期投資」は売り買いせずにじっと持つ

大事なのは、経済の状況や相場の情報を見て「売り・買い」をしないことだ。投資額を、株価が下がりそうな時に減らし、上がりそうな時に増やすような操作はうまくいかない。プロでも、その種の操作を長期的に成功させている有名な運用会社はない。そして、プロでも「いつがいい投資タイミングなのか?」は判断できない。

投資とは、リスクを取って資本を提供して利益を得ようとする行為だが、大きな利益を得るためには、長い期間、資本を提供し続けることが必要だ。途中で売却して税金や手数料を払うことなしに、複利運用を継続するためにも「持ちっぱなし」（金融用語で「バイ・アンド・ホールド」と呼ぶ）がいい。

「長期的にはリスクに見合うリターンが期待できるのだろう」と「いつがいい時なのかは分からない」とを論理的に組み合わせると、「自分に適切なリスクの大きさだけ投資して、じっとしている」ことが最善の答えになる。運用期間が長くても短くても結論は同じだ。論理を信じて、売り買いしたいと思う衝動を抑えよ。

各種の投資・運用のプロや金融界は、経済や相場を分析してコメントを出し続けているが、これは仕事の都合上そうしているだけだ。運用の役には立たない。父もコメントすることがあるが、信じてはいけない。

集中投資よりも分散投資が断然いい

投資は、リスク負担に見合うリターン（「リスクプレミアム」と呼ぶ）を集める行為だが、効果的に分散投資を行うと期待リターンを下げずに、リスクだけを低下させることができる。

判断を加えて集中投資する方が効率良く稼げるように思うかもしれない。しかし、人間の判断力などたかがしれている。やめておく方がいい。

手数料とは「確実なマイナスのリターン」

ギャンブルでテラ銭（胴元の取る手数料）が重要であるのと同じく、運用でも手数料が極めて重要だ。

同種のリスクの金融商品の比較はまず手数料で行う。商品Aよりも手数料のより高い商品Bは、相場が良い時は儲けがより小さく、相場が悪い時は損がより大きいと予想されるので、商品Aよりも必ず劣ると評価すべきだ。こうした評価によって、運用商品の９割以上は「はじめから検討に値しない」ことが分かる。手数料が高いだけでもうダメなのだ。

売り買いの際に生じる手数料も、運用・管理の対価として取られる手数料（投資信託なら「運用管理費用」または「信託報酬」）も重要だ。

なお、運用商品の場合、「手数料は高いけれども、運用は上手い」と事前に言える「高価だけれども高性能な商品」のようなものは存在しない。

考えてみると、夢のない世界だな。

インデックスファンドなら何でもいいわけではない

なぜ「インデックスファンド」がいいのかを次に説明する。

まず、言葉の定義だが、インデックスファンドとは何らかの「指数」（株式の場合は「株価指数」）に連動するように運用される資金のことだ。個人が利用するのは、公募の投資信託かＥＴＦ（上場投資信託）などの投資信託だろう。原則として、指数を構成する銘柄と構成ウェイトをなぞるように運用される。一般に、販売手数料（近年はゼロが主流だ）や運用管理費用が安く設定されている。

一口に株価指数と言っても多くの種類があり、それらの中のいくつかが個人の運用に適している。例えば、Ｓ＆Ｐ５００やＴＯＰＩＸ（東証株価指数）はまあまあ運用に適するが、日経平均やNYダウ（ニューヨークダウ）などは中身の偏りが大きい。運用には適していない。

アクティブファンドはほぼすべてがダメ

一般に投資信託の特徴として、「小口の資金でも分散投資ができること」と「プロが運用してくれること」の2点が強調されることが多い。プロの運用者が投資する銘柄・ウェイト・タイミングなどを操作して株式市場の平均的なリターン以上のリターンを目指す投資信託のことを「アクティブファンド」と呼び、昔も今も数多くの商品が存在する。投資に関わる調査などに手間とコストが掛かるという理由で、手数料はインデックスファンドよりも高く設定されるのが普通だ。

しかし、人生でよくあるように、「目指す」ことと、「できる」こととは別だ。

現実は、

（1）アクティブファンドの平均的な運用成績は市場の平均や市場の平均を表すインデックスファンドに劣る

（2）運用が相対的に上手くいくアクティブファンドを「事前に」（投資する段階で）選ぶことができない

という2点が動かしがたい事実だ。

事実（1）と事実（2）とを組み合わせると、「アクティブファンドに投資することは経済合理的ではない」となる。

しかし、アクティブファンドを運用している会社は「当社のファンドは素晴らしい」と強調するし、金融機関などで投資信託を売る人は「いいアクティブファンドを選んで投資することができる」かのように話す。

しかし、これらは、いずれも商売上そう言わざるを得ないだけのセールストークに過ぎない。信じるようでは愚かだ。

君への手紙の中で「一見偉そうな他の投資」と書いたものの代表がアクティブファンドだ。

アクティブファンドがダメな理由は「平均投資有利の原則」

最終的には株式市場の平均、現実問題としてはインデックスファンドに、アクティブファンドが勝てない理由は、父が「平均投資有利の原則」と名付けた市場の仕組みにある。

平均投資有利の原則を言葉で説明すると、市場での運用競争にあっては、ライバルの平均でもある「市場の平均」を持ってじっとしているこ

とが有利であるということだ。

余計な取引コストを払わずに平均を持ってじっとしていると、売り買いのたびに売買コストが生じるアクティブ投資家は運用競争上不利であって、平均投資家は有利だというのが、動かぬ原則なのだ。

市場の平均に近い構成のインデックスを参照するインデックスファンドは「平均投資」に近い分、運用上アクティブファンドよりも有利で、さらに商品としての運用手数料が安いので、ますます有利になる。

「全世界株式」を選ぶ理由も「平均投資有利の原則」

さて、残る説明は、なぜ「全世界株式のインデックスファンド」を選ぶのかだ。

本書執筆時点での全世界株式の大まかな内訳は、米国株式が約6割、日本の株式は6％弱などとなっている。

世界の資産運用は、近年ますますグローバル化が進んでいて、市場間の連動性が強まっている。厳密に閉じた空間での運用競争がはっきり存在するわけではないが、世界の大機関投資家（国家ファンド、大型年金基金、大学基金など）は、世界各国の株式市場に分散投資するようになっている。こうした場合、彼らの運用の平均像は全世界の株式市場を平均した状態に近いものであるはずだ。

仮に、全世界の株式を運用競争の空間だと考える場合、平均的な全世界株式ポートフォリオの中の比率が6割である米国を100％持とうとすることは、かなり極端なアクティブ運用だ。タイミングを図って米国株式への投資比率を増減しようとするような運用も、平均投資有利の原則に照らすと、有利なものとは言えない。

運用競争のトレンドに対して、少し先回りし過ぎかもしれないが、特定の組み合わせよりも世界株式の運用競争の「平均」を表すインデックスをターゲットにするインデックスファンドを選ぶことにした。

なお、**全世界株式のインデックスファンドは、日本株も含むものに投資することが好ましいが、日本株抜きの全世界株式、あるいは先進国株式といったインデックスも内容が近い。手数料の十分安いものであれば、投資して構わない。細かい差にこだわる必要はない。**

「全世界株式のインデックスファンド」の具体的な運用商品例

現在、投資していい条件に該当する全世界株式のインデックスファンドは複数あるが、代表的なものを2つ挙げておく。

〈公募の投資信託〉

・「eMAXIS Slim全世界株式（オール・カントリー）」

〈ETF（上場投資信託）〉

・「MAXIS全世界株式（オール・カントリー）上場投資信託」

どちらも三菱UFJアセットマネジメントの商品だが、特にこの会社に義理がある訳ではない。資産残高が大きくて代表的な商品として挙げた。

前者は、投資家の間で**通称「オルカン」**と呼ばれている。比較的早くからこの分野の商品に力を入れ、運用コストの引き下げにも熱心だったこともあり、本書執筆時点の運用資産残高は1兆円を大きく超えている。同じく運用管理費用（信託報酬）は年率0・05775％以内だ。

つまり、現在、おそらく最善の運用商品が、運用資産100万円当たり年間578円以下の手数料で利用できるのだ。運用は、お金を増やそうとする行為だ。例えば、アクティブファンドに年率1%（100万円に対して1万円）もの手数料を払うことがどれだけアホかは、考えてみなくても分かるだろう。

後者のETFは、一部の投資家には投資しやすいだろうし、東証の上場商品なので、対面営業の証券会社でも取り扱いがある。こちらの信託報酬は年率0.0858%（税抜き0.078%）以内だ。

他社からも、似た属性の商品が出ているし、今後も新しい商品が出る可能性がある。手数料はすでにかなり下がっているので、顕著な改善のある商品が出る可能性は乏しいが、他の商品に投資しても構わない。

株式投資の正確な意味を知る

株式に投資することの意味をあらためて考えてみよう。

・株式投資はなぜ儲かると期待できるのか？
・株式投資で儲けるためには経済成長が必要なのか？
・株式投資の儲けは誰が供給してくれるのか？
・株式投資は必ず儲かるものなのか？
・株式投資家は今後何に注意するといいのか？
・株式と上手く関わって働くための目の付けどころはどこか？

といったことについて深く理解しておくことは世の中の理解としても有益だ。

株式投資の目的をひと言でまとめると、**「リスクプレミアムのコレクション」**だ。意味を理解して覚えておくといい。

生産には「資本」と「労働力」を使う

まず、「会社」とは何か。会社とは**「人がお互いを利用するために作るもの」**だという定義が父は気に入っている。

実業家の堀江貴文氏が若いころに『稼ぐが勝ち』という著作の中で述べていたものだと記憶するが、例えば、経営者は社員を利用するが、社員も会社がなければ仕事にありつけないのだとすると、会社や経営者を

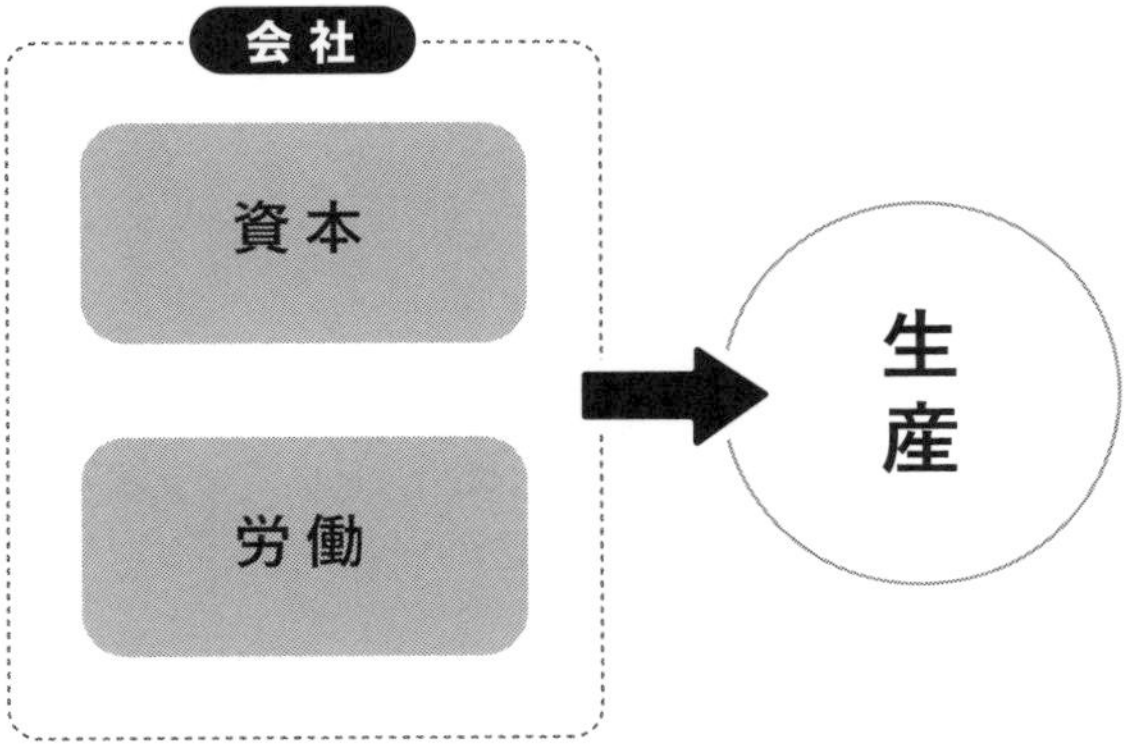

図1：会社の仕組み

利用している。技術者、工場労働者、営業担当者、経理財務担当者など会社のメンバーたちが相互に他人を利用していることは言うまでもない。

では、経済とは何かというと、主に生産と消費だが、**「生産」は、「資本」と「労働」によって行われている**（図1）。生産は必ずしも会社だけが行うものではないが、以下、会社が行う生産を考える。

資本とは、ビジネスの元手となる財産の総称だが、工場などの生産設備だったり、原材料や賃金を支払うための原資だったり、さまざまな形で存在している。

資本とは雑多な財産に貼られたラベルに過ぎない

生産は資本と労働によって行われる。一般論として反対はなさそうだ。では、「資本」の具体的な中身は何なのか。

商品を生産する工場があって機械を含む設備があれば、これが資本の一部だというのは納得しやすい。商品の原材料も資本の一部だし、生産に必要なノウハウの特許、本社のビルなども資本の一部だ。

また、現金や預金もあるだろう。これは、原材料を購入したり、賃金を支払ったりするために使われるかもしれないし、生産設備に投資されるかもしれない。しかし、引き出されて株主が消費してしまうかもしれ

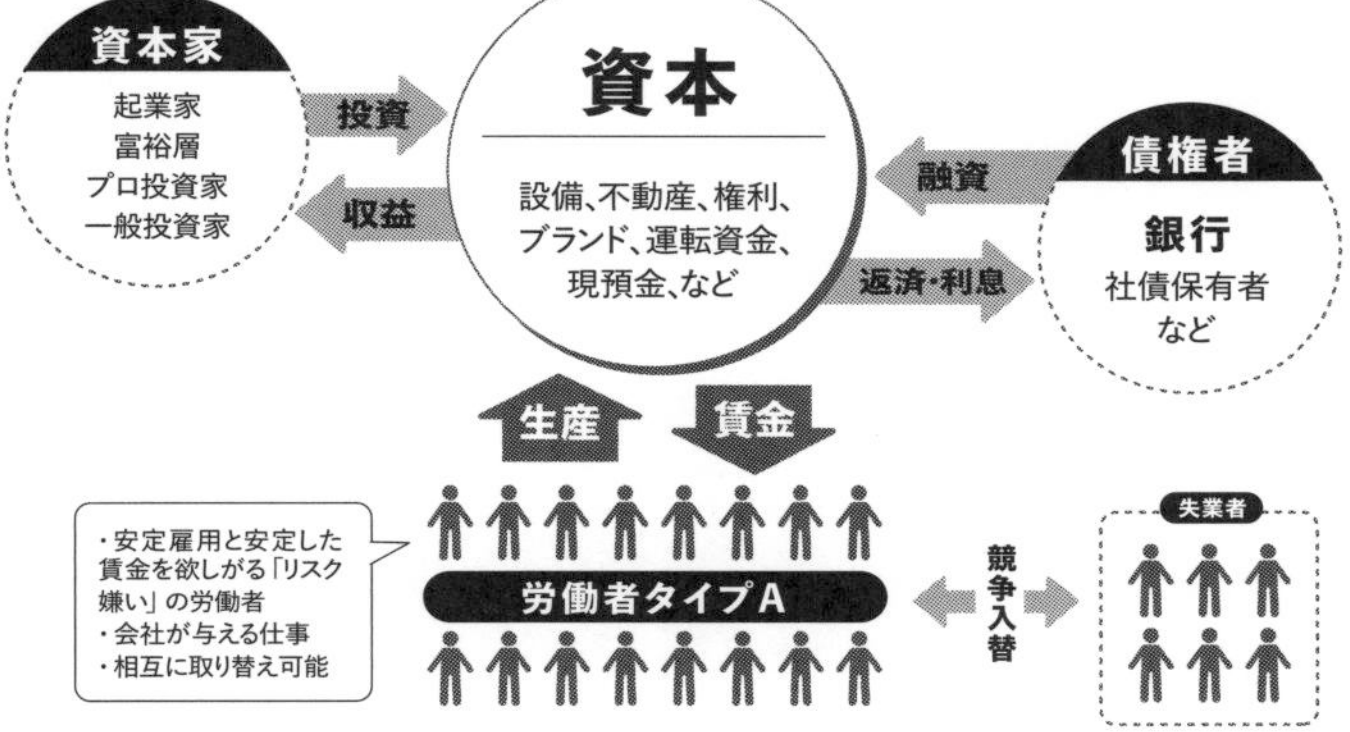

図2：典型的な利益の構造

ない。

「資本」とは会社の雑多な財産の集合体に貼られた単なるラベルのようなものだ。

「資本」自体に固有の意思や運動法則がある訳ではない。右も左も、経済学の多くの議論は、資本という言葉を曖昧に使って現実の説明に失敗しているというのが父の意見だ。

　資本の持ち主である資本家から見て、資本となっているものの原資を誰が出しているかによって、銀行や支払いを猶予してくれる売り手などからの「借り入れ」である他人資本と、株式を通じて所有権のある自己資本の2種類がある。

典型的には、労働者が利益を提供してくれる

会社の利益はどこから発生するのだろうか。「資本」という雑多な財産が入ったプールの周辺にいる利害関係者を見てみよう（図2）。結果的に利益が出るとすれば、資本か労働かいずれかに起因するはずだが、この際「資本を利用する労働」に注目しよう。

ある典型的な労働者が、1日に会社にとって平均的には2万円の利益に相当する生産に関わっているとしよう。一方、この労働者に対して会社が払うべき賃金は1万円だとする。資本には1万円相当の利益が貯ま

る。

このようにして貯まった利益の一部は、銀行からの借り入れに対する利息や返済に回されるだろうが、その残りは株式を通じて資本家のものになる。

資本設備を増やしながら、このような条件での労働者の雇用を拡大することで、会社は規模を大きくして、利益を拡大することができる。

なお、新製品の発明や生産方法の改善のような大きなものから、商品の売り方のような小さなものまで含めた技術進歩も企業の利益の源泉になっていて、比較的頻繁に発生しているが、この利益も資本家のものになりやすい。

リスクを取りたくない労働者が安い賃金で我慢する

先の、2万円の生産に貢献して1万円しかもらわない労働者が、不満で不本意なのかというと、そうでもない。彼（彼女）は、たとえ1日に1万円でも、安定した雇用と安定した賃金を求めているからだ。安定（＝リスクを取らないこと）と引き換えに、そこそこの賃金で満足する。合意の上の契約だ。彼らこそが、世界の養分であり経済の利益の源なのだ。

世の中は、リスクを取りたくない人が、リスクを取ってもいいと思う人に利益を提供するようにできている。

「取り替え可能」な労働者は立場が弱い

労働者は、もう少し高い賃金を求めて雇用者側と交渉するかもしれない。しかし、この交渉が上手くいくとは限らない。

この労働者と同じような貢献をすることができる**「取り替え可能な労働者」**が他にもたくさんいて、彼らが1日1万円でも雇ってほしいと思っているなら、雇う側には取り替え可能な労働者を選ぶ選択肢がある。賃金を上げなければならない必要性は乏しい。

会社側は、なるべくこのような状況が可能になるように、社員の仕事の設計を行うだろう。「ずるい！」と言いたいかもしれないが、これは普通の経営努力だ。

一方、働く側から見ると、自分自身が「他人と取り替え可能な労働者」にならないような工夫が必要だということだ。**労働者に限らず、工夫のない人は損をする。これは、責任論以前の経済の現実だ。他人と同じであることを恐れよ。無難を疑え。**

資本家と債権者の力関係は変化する

資本のプールに貯まった利益を取り合うに当たって、銀行など資金を提供する側の立場が強ければ債権者の取り分が多いだろうし、銀行同士が競合するなどで立場が弱い場合は、株主側、つまり資本家側の立場が強くなるだろう。力関係は、状況によって変化する。

なお、安全を志向する債券の保有者や、絶対に回収できるような条件

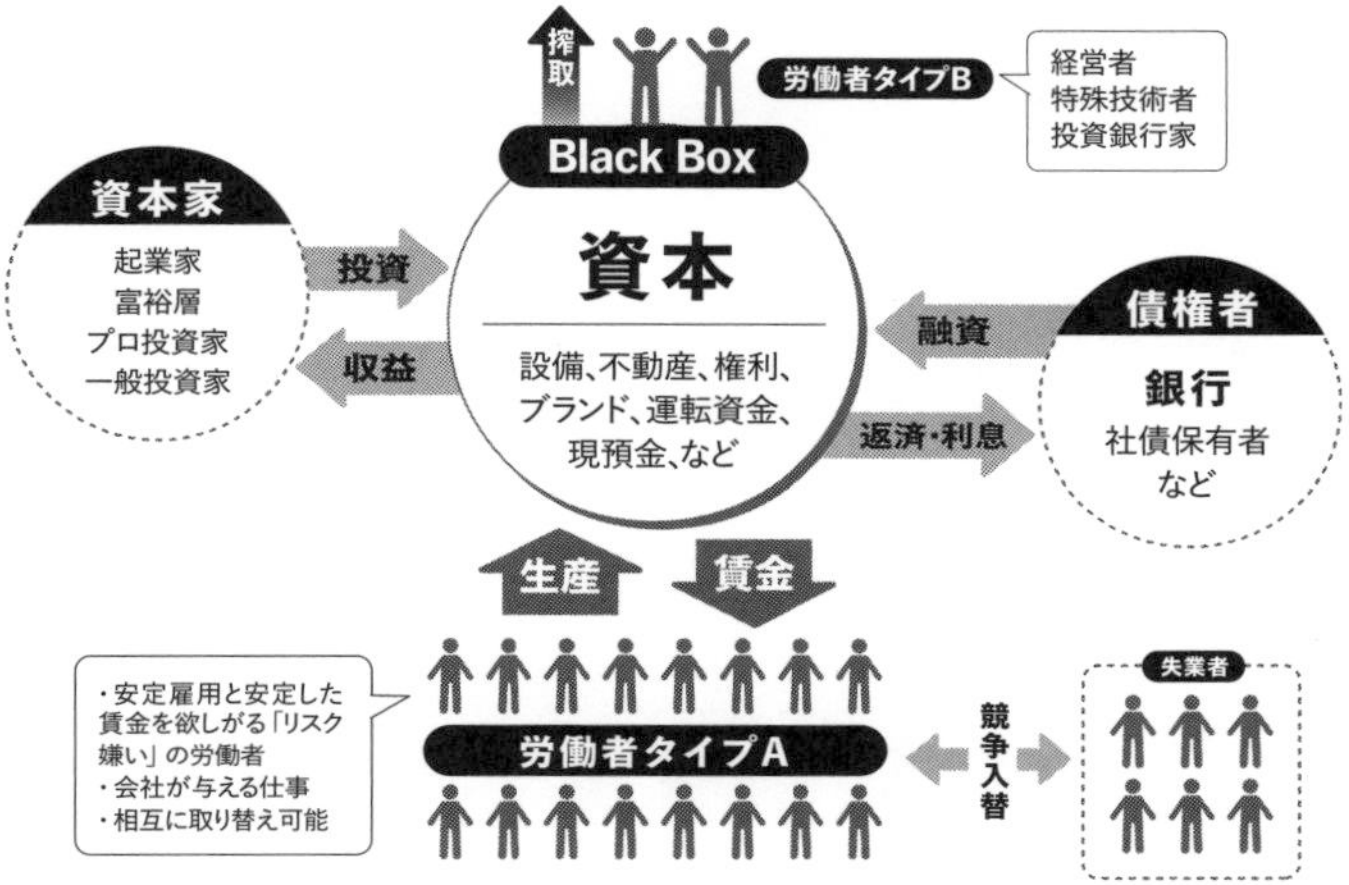

図3：資本を巡る利害関係者の相関関係

の下に低利の融資を行う銀行なども経済全体から見ると「リスクを取りたくない参加者」だ。彼らが諦めたリターンを、リスクを取ってもいいと思って資本を提供している資本家が手にする。

経済は「適度なリスクを取る者」にとって有利にできている。大事なことなのでしっかり覚えておけ。

資本家をカモにする「労働者タイプB」の出現

先の図2には、単に「労働者」ではな

く「労働者タイプA」という表記があった。実は、少数ながら「労働者タイプB」が存在するのだ（図3）。

彼らは「経営ノウハウ」、「複雑な技術」、「財務ノウハウ」など、資本家が理解できない「Black Box」を会社の中に作って自らの立場を強くして、主に「株式性のリターン」の形で、本来なら資本家に帰属したかもしれない利益を巻き上げていく。高額な報酬を取る米国企業の経営者などがその典型だ。**現代は、資本家も油断できない時代なのだ。**

「労働者タイプA」のみになることを全力で回避せよ

労働者タイプAには、**①他人と取り替え可能な同じような人材になる、②会社が用意した働き方だけで満足する、③雇用不安や賃金減少のリス**

クを極端に嫌う、などの特色がある。

こうした人材になると、会社に対する立場と交渉力が弱くなり、会社の言いなりになって能力の割に低賃金で働かざるを得ない。実質的に「使い捨て」されることも珍しくない。

正社員としてそこそこの会社に入社することができると、非正規労働者よりも給料が少しいいかも知れないし、クビにはなりにくいが、その立場に安住すると、一生を通じて会社の奴隷のような存在になる可能性が大きい。いわゆる「社畜」だ。

これを回避するためには、他人とちがう能力を持ってそれを仕事に使わせてもらうようにアピールしたり、副業ができるようになったり、転職のリスクを取るようになったり、あるいは、経済的な備えを持って会社と強く交渉できる立場を確保したり、といった工夫と努力が必要だ。

「他人と同じ」を求めるだけでは幸せにはなれない。不利な方への「重

力」が働く。これもよく覚えておけ。

「労働者タイプB」をほどほどに目指せ

プロの労働者タイプBは、個々にちがっていて個性的だ。だいたいは頭脳を武器としている。一方、労働者タイプAは個々人に個性がなく似た人たちで、相互に取り替え可能で、安定を求めて競争している。

さて、**現在、労働者タイプB的な社員が有利でかつ徐々に存在感を持ち始めていることに、世間はまだ十分に気づいていない。**

株式性の報酬を求めて労働者タイプBに近づく働き方と、単にリスクを取らない労働者タイプAで上手くやっていこうとする働き方との有利不利の「ギャップ」は大きい。

この点に気づいてほしいという意図が、君に書いた手紙の「リスクに対する働きかけ方が逆方向に変わった」という文面に込められている。資本家・投資家から見て、労働者タイプBは資本の価値を有利に持ち出そうとする油断のならない、少々悪い奴だ。資本家も油断できない。

株主から巨額の報酬をむしり取る米国企業の強欲経営者の弊害はそろそろ世間で目立ち始めているが、あそこまで「悪くなれ」とは言わない。だが、ほどほどのレベルで、資本家の隙を突くことは必ずしも悪いことではない。

資本家の側でも、自分が理解できない「Black Box」を放置したまま、お金と地位と株式の力だけで他人を思うままにコントロールできると思うべきではない。それは甘い。

資本家でも、労働者でも、どの立場でも、工夫のない人間が敗れるように経済はできている。

さて、息子よ。君は、どのくらい「悪い奴」になって世渡りしようとするのだろうか。ちょっと楽しみだな。

株式のリターンは成長からではなく株価形成から生じる

本書では株式投資で得られるリスクプレミアムを年率5％程度と想定している。株式投資のリターンは、短期金利（無リスク金利）にリスクプレミアムを足した値だ。

この高いリターンは、どこから得られるのか。

素人が考えがちなのは、株式投資の高いリターンは企業や経済の成長から得られるとするものだ。「世界経済の成長を信じて投資する」などと言いがちだ。

しかし、ちがうのだ。息子よ、君はもう少し深くものを考える人間になってほしい。

では、今後人口が減って低成長が見込まれる日本の株式はダメなのかというとそうではない。

実は、**株式のリスクプレミアムは市場での株価形成の過程を通じて生じる。**以下、この事情を納得してもらおう。株式投資は、対象が高成長でも低成長でも同様に有望でありうる。**投資家が期待を託すべき相手は、「経済成長」ではなく、「市場の価格形成メカニズム」なのだ。**

株価は将来利益の割引現在価値だ

株価、すなわち株式の価値はおおむね将来得られる一株当たりの利益の割引現在価値の合計として計算できる。

便利な計算式を一つ紹介しよう。「第一期にEで毎期gの率で成長するキャッシュフローを割引率rで割り引いた時の、第一期から無限の将来までの割引現在価値の合計P」は次の式で計算できる。

高校を卒業すればみな知っているはずの等比級数の和の公式から導くことができる。大学生の君には簡単だろう。

P＝E／（r－g）

例えば、発行株数1億株で今期の予想純利益が100億円（一株当たり利益は100円）の企業の利益が年率1％でずっと成長するとしよう。この将来利益を年率6％の割引率で現在価値に直す時、今期から将来のすべての利益の割引現在価値の合計は2000円である。

P＝100／（0.06－0.01）＝2000

高成長でも、低成長でも、割引率が同じなら期待リターンは同じ

割引率6％は、短期金利（無リスク金利）を1％、リスクプレミアムを5％として考えてみた。

さて、簡単な問題だ。

A、B2つの企業があり、今期の予想一株利益が同じく100円だとしよう。A社は利益が2%で成長し続け、B社の利益はマイナス2%で減少し続けるとした時、それぞれ株価はいくらか？

成長企業A社の株価は2500円（P＝100／｛0・06−0・02｝＝2500）で、マイナス成長企業B社の株価は1250円（P＝100／｛0・06−〈−0・02〉｝＝1250）だ。

では、計算された株価で、A社、B社の株式に投資する時の期待リターンはいくらか？

ともに割引率が「6%」である。成長率を反映して株価が決まっている場合、割引率が同じなら、高成長で高株価な会社に投資するのと、低成長で低株価な会社に投資するのとでは、期待リターンに差はない。

そこまで無理に当てはめると少し卑屈な感じがしなくもないが、例えばA社株は経済成長している米国の株式、B社株は人口減少でマイナス成長に陥るかも知れない日本の株式だと考えてみることができる。

低成長経済の日本株も、低成長が織り込まれた十分に低い株価で評価されていたら、米国株に遜色のない投資対象になり得るということだ。どちらかに投資することが有利なのではない。

なお、「そうは言っても、過去のデータを見ると、経済成長と株価はリンクしているように見えるではないか」という印象を受ける原因は、経済成長率の「予想していなかった変化」（上下両方向に関して。いずれも予想できなかった「事後的なもの」である）が株価に与える効果が累積的に影響したからだと考えられる。実際、過去30年くらいの日本経済は成長の期待がどんどん下方修正されるひどい経済だった。

分散投資は投資家が自分でできる運用の改善だ

少々引っかけ問題風になるが、先のA社とB社のケースに付け加えて、それぞれの成長率予想を反映した株価が形成されている時に「では、A社とB社のどちらに投資するといいか?」と問うとしよう。

A社かB社かを回答者の好みで選ぶかもしれないが、これは問題が意地悪だ。

金融論的な正解は「A社とB社と両方に分散投資する」だ。これで、期待リターンの6%は維持されたまま、常識的には1銘柄にだけ投資するよりも2銘柄に分散投資する方がリスクは小さくなる。分散投資をしない理由はない。

資金を提供しているのだから無リスク金利分を稼ぐのは当然だとして、リスクを負担することの対価としてのリスクプレミアム（本書では年率5％程度と想定）をいかに上手く集めるかが投資家の課題となる。

答えは、分散投資でリスクを低下させて、低コストな投資手段を使うことでコストを抑えて、長期にわたって投資して「リスクプレミアムをたくさん集める」ということになる。

これに、無駄なマイナスとしての手数料は小さい方がいいことが当然だという常識を加えると、「長期・分散・低コスト」の投資の三原則が完成する。

この点は、私の息子なのだから、他人に説明できるくらいスッキリと理解しておいてほしい。

これらの条件に合致する手段として、本書では「全世界株式のインデックスファンド」への長期投資を提案する。

株式投資は「働かないで稼ぐ」ことではない

君への手紙に書いた「お金にも働いてもらうといい」という文章の意味を説明しておこう。

古い世代には、投資で稼ぐことを「自分が働かずに、お金でお金を得ようとすることだ」として忌避する感覚を持つ者がいる（特に学校の先生のように、プライドの割にお金に恵まれない職種の人に多い）。しかし、81ページの図1で分かるように、「生産」には「労働」とともに「資本」が必要であり、株式投資は自分のお金を資本として提供して「働かせる」ことであり、この際にリスクを負担している。決して働かずに儲けようとする行為ではない。

そして、投資の目的がリスクプレミアムの獲得であり、そのための効率的な手段が「全世界株式のインデックスファンド」を長期保有することなのは、本章で詳しく説明した通りだ。

お金の問題は感情を排して理屈と計算で考える

手持ちのお金を増やすための資産運用をはじめとして、お金の問題には誤解しやすい罠や、誤った俗説が多々存在している。

誤解が存在する主な理由は、お金の問題は人間の「感情」に働きかけやすいので、本来、論理や計算で処理されるべき問題の答えを間違えやすいこと（行動経済学的理由）と、金融ビジネス業界が自ら儲けるために流している誤解や俗説の影響が方々に存在すること（ビジネス的理由）の二つだ。

他人の話を真に受けたり、ビジネスに影響された書籍や記事の影響を受けたりすると、お金の扱い方で間違いを犯しやすくなる。

一つひとつの問題に直面した時に、自分の頭を使って論理と計算で解決することが肝心だ。お金の問題は、金額で正否が評価できるので正解を確認することが比較的簡単だ。

人間関係とお金の問題を完全に切り離せ

人生の中で出会ういろいろな人たちの中には、お金の貸し借りを申し入れてきたり、生命保険などの保険、儲かるという触れ込みの投資商品、あるいは金融関係者などを紹介しようとする人がいるにちがいない。

お金の貸し借りは微妙な問題で、案件によっては常に断るのがいいとも限らないが、友人・知人が相手だと、貸しても借りても、ストレスが大きい。**「基本的には「絶対にやめておけ」**と言っておく。付け加えると、債務の保証人は**「絶対にやめておけ」**と言っておく。

また、生命保険と投資商品は、友人が紹介するようなものにろくなものはないので、一切関わらないと決めておくことが肝心だ。

「悪いけれども、ポリシーとして、友情とお金は一切絡めないことにしている」という言葉を用意しておこう。

保険とは「損な賭け」のことである

働き始めたいわゆる社会人の初期に意思決定を間違いやすいものに生

命保険がある。セールストークに乗せられて、あるいは保険会社に就職した友人に付き合って不要な保険を契約しがちなので注意しよう。

保険については二つの大原則を押さえておけ。

第一に、保険は「滅多に起こらないが、起こった時の損失が壊滅的な事象」に備えて「仕方がなく加入する」ものだ。

第二に、保険は保険会社が得で加入者が損をするようにできているものだ（そうでなければ保険会社が潰れる！）。

漠然と「安心するために」保険に入るのは愚かな行為だが、セールスする側はその心理につけ込もうとしてくる。感情に流されるな。

若いビジネスパーソンがどうしても必要な保険は、自動車を運転する場合の任意保険、火災保険、それにお金が十分ない状態で子どもが生まれた場合に稼ぎ手に掛ける死亡保障の生命保険（子どもが成人するまでの期間のシンプルな保険。必ず掛け捨てで、保険料の安い保険を選ぶ）

くらいだ。相続の際に使う保険について考えるのは、将来でもいいだろう。

ちなみに、父は最近癌にかかったが、健康保険に加入していれば、民間のがん保険は不要だと改めて確認した。治療に掛かった費用は健康保険を利用すると普通の貯金で十分に賄える金額だった。つまり、保険を使う必要はなかったということだ。

「事後的には」がん保険に入っていれば入院費や交通費などが保険から出て、その方が得だった可能性はあるが、**癌になるかどうかが分からない意思決定段階の「事前の問題としては」、がん保険は加入者側が損で保険会社側が儲かる賭けなのだから（確率は保険会社が考えて計算してくれている）、がん保険には入らないことが正解なのだ。**

この「事前」と「事後」の区別が分からない人は、おそらく保険以外にも多くの分野で「カモ」になり続けるにちがいない。

お金は、シンプルに管理して、おおらかに使う

収入や支出をどの程度管理するかは個人の趣味の問題でもあるが、将来に向けて毎月必要だと思う貯蓄（実際にはインデックスファンドへの投資だ）ができていれば、細かな収支は気にしない方針をお勧めする。

稼いだお金はおおらかに使うといい。特に自分への投資を渋ると将来の自分が貧相になってしまう。自己投資の中身は、①知識、②スキル、③経験、④人間関係、⑤時間、だ。

そして、人生の途中でお金が足りないと思ったなら、**節約よりも先に「もっと稼ぐ方法はないか」と考えるようであってほしい。**

君の人生はその方が圧倒的に面白くなるはずだ。

経済格差は「資本のリスク」と「リーダーシップ」から生じる

息子よ。君が採るべき稼ぎ方の戦略についてまとめておこう。

社会を構成する個々のメンバーの経済力の格差はどこから生じるのか。一つには、人的資本までを含めた自分の資産でどれだけリスクを取るのかによる。何度も言うように、リスクを回避したがる者が提供する価値を、リスクを取ってもいいと思う者が吸い上げるのが経済循環の仕組みだ。

私有財産たる資本でリスク・テイクの対価を吸収し、これに株式投資を通じて参加することができるのが、現在の資本主義の仕組みだ。

投資家・資本家は、リスクを取っているのだから、少しも悪いことを

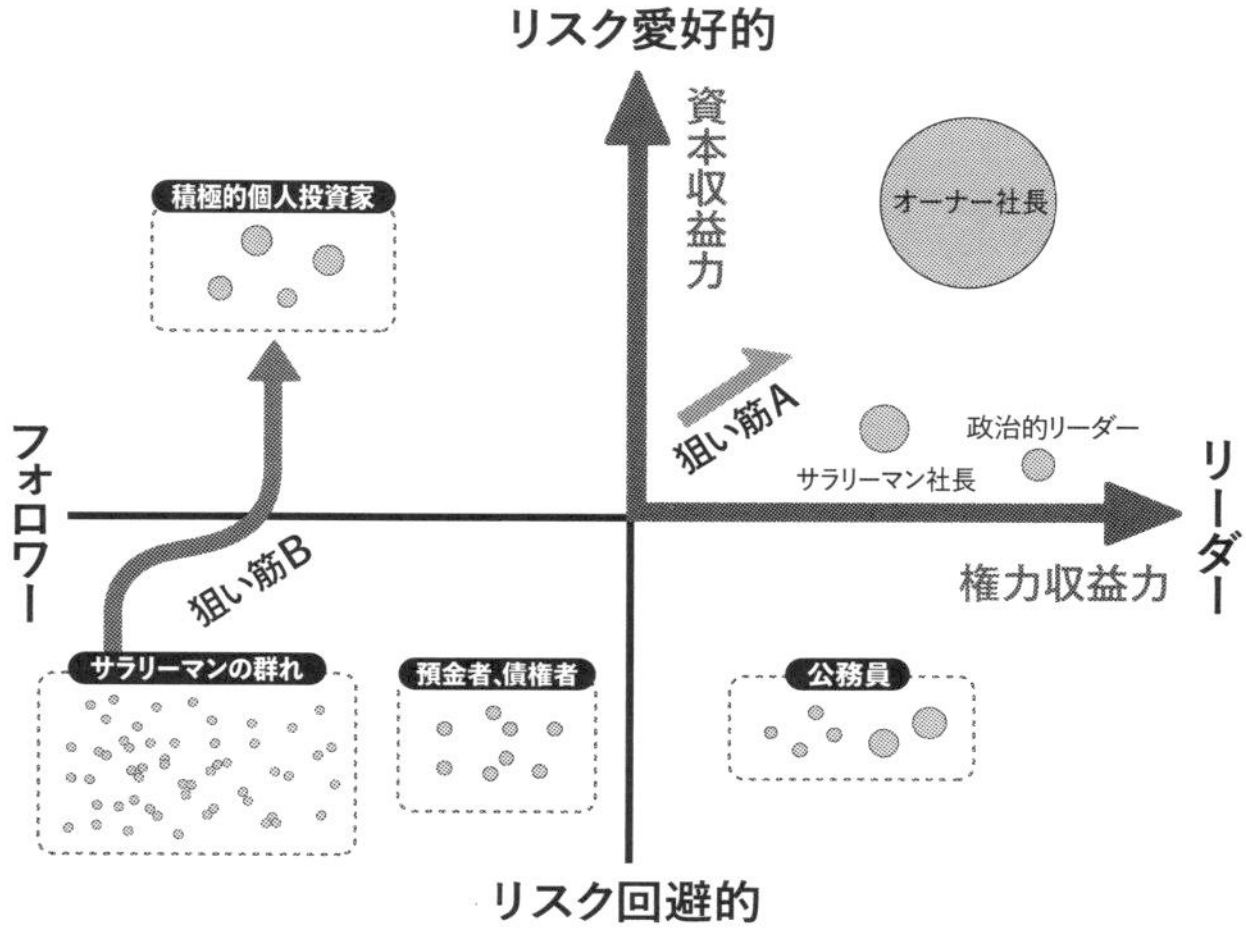

図4：資本主義ポジショニング・マップ

している訳ではない。全体は契約の合意の上に成り立っている。そこで、資本の収益力が働く。

現実にはもう一つ収益力の源泉がある。それは、リーダーシップだ。

形は会社とは限らないが、会社的な人の集まりでは、そもそも集まる目的を考案し、集まり全体の戦略を考え、人の集まりをコントロールするリーダーが1人ないし少数必要だ。人の集まりでは、彼（彼女）らがより大きな経済的対価を取ることが納得されやすい。

会社なら、社長が社長らしい少々多い報酬を受け取り、社長室や秘書を持つくらいのことは納得されるだろう。軍政のような社会の軍のトップなら彼（彼女）には大きな権力とともに富も配分されるだろう。リーダーシップが得る「権力リターン」だ。国によっては、書記長や主席などと名乗りつつ実質的には「王」のような人物が君臨し、その周囲に富が集中する。

こうした様子を図解することを試みたのが、前ページの図4だ。「資本主義ポジショニング・マップ」と名付ける。

経済的な価値を集める力を矢印で示し、個々のメンバーの経済力の大きさを丸の大きさで示した。この世界の経済力のチャンピオンは、主に創業者で株式をたっぷり持っているオーナー社長であり、圧倒的だ。

実際の経済では、図の中で「サラリーマンの群れ」と記した場所に入る丸（「点」に見えるかもしれないが）の数が圧倒的で、彼（彼女）らが提供する価値が養分となって経済が循環している。ここのエリアには、似たもの同士の労働者タイプAが集まっている。彼らには、安く買い叩かれやすいことも含めて、「経済的に不利な重力」が働いている。ここにだけとどまる人生を全力で回避せよ。

若い人が早く気がついてくれるといいのだが、自分の不利を認めることは時に精神的に難しい。安く働く仲間同士で群れて「人生はこんなものだ」と諦めるようなケースが少なくない。将来の君がそうならないために、今の君に対して、父はこの本を書いている。

さて、人生では、必ずしもお金持ちを目指す必要はないのだが、経済的に不利なコースは歩んでほしくない。例えば、これから世に出てひと旗揚げようと思う若者はどのようなコースを目指すといいのか。

答えは、「狙い筋A」のコースだ。すなわち、自分で起業する、起業の初期に参加する、ストックオプションをたくさんもらえる条件で働くなどで、株式性のリターンを求めるのだ。この場合、リスクにさらす賭け金は自らの「人的資本」だ。使えるものは、惜しみなく、早く使え。会社が失敗したら、あるいはクビになったら、またやり直すといいし、現在はかつてとちがってそれが可能だ。不動産投資のようなものと異なり、失敗しても借金なしだ。

株式性の報酬にアクセスする働き方の機会がなかなか得られない時、あるいはもっとありそうな場合として、リスクを取るには勇気が出ない時、せめて自分が持っている金融資産にだけでもリスクを取る役割を担わせようとするのが、投資だ。図4では「狙い筋B」として示した。

率直に言って、いかにも「チキンな（臆病な）」選択肢だ。「狙い筋A」の人生よりも退屈だし、経済力を作るまでにはひどく時間が掛かる。それでも、何もしないよりは随分いい。

もちろん、「狙い筋A」と「狙い筋B」を併用して構わないし、そうするのが合理的だ。

これからを生きる君には、適切なリスクを取って、効率良く稼いで、機嫌の良い人生を送ってほしい。

第三章

もう少し話しておきたいこと

本章には、本来なら息子と酒を酌み交わしつつ話したかった内容を書く。たぶん、父にその時間は残されていないし、第一、今18歳の息子が将来酒を飲む人になるのかどうかは分からない。もちろん、君は、将来、飲んでも、飲まなくてもいい。

まあ、話ぐらいは聞いておけ。

働き方のコツ、覚書

さて、第一章に書いたように、ビジネスの世界にあっても、時代はゆっくりと、しかもまだら模様で変化している。そして、もちろん時代が変わっても不変の原則やコツがある。

振り返ってみると、父は昭和生まれのビジネスパーソンとしては、いくらか特異だった。12回も転職したし、副業歴も30年に及ぶ。世間で言う「働き方改革」の実証実験を行ったような職業人生だった。

だが、自己評価してみるに、私はビジネスパーソンとしては二流以下だった。現に、偉くも、大金持ちにもなっていない。父に何が足りなかったのかは、君なりに考えてみてほしい。しかし、振り返ってみるとおおむね楽しい職業人生だったし、誰にコンプレックスを持つ訳でもないし、お金が足りなかったということもない（もう少し稼いでおけばよかった、とは思うけどな）。

ここで、働き、稼ぐ上でのコツをいくつか伝えておきたい。後で考えると当たり前のことでも、気づかずにいて損をすることはよく起こる。

自分の人材価値を中心に考える

働く上での大きな考え方として、**自分の「人材価値」を育て、守り、活かす**ことを中心にするといい。これはこれからの時代でも有効であり続ける考え方だろう。

かつてであれば、組織に帰属していることが頼りとなったが、これからの時代はそれだけでは心もとないし、不利でもある。

人材価値は、仕事の「能力」と、能力を実際に仕事に使った「実績」とで評価されて、これに、今後の「持ち時間」が加味される。数式にすると次のようになる。

人材価値＝（能力＋実績）×持ち時間

知識や資格など仕事の能力があっても、実際に仕事に使ったことがなければ人材として十分評価されない。能力の獲得にも、仕事の実績作りにも「時間」が必要だ。時間が関わると、プランニングが必要になり、有効にもなる。

そして、同じ能力・実績の人であれば、より若くてこれから能力を使える「持ち時間」の長い人の方が人材価値は高い。歳を取ることは、ビジネスパーソンにとってつらいことなのだ。

ちなみに、非常によく頑張っている人の場合で、人材価値のピークはだいたい35歳くらいに訪れる。

最初の仕事は「興味が持てて」、「倫理観に反しない」もの

自分の適職は、多くの場合、実際に働いてみないと分からない。職業選択は一種の出会いの経験だ。まず、時間を使って夢中になることができるような興味を持てる仕事か、次に、自分の倫理観に反しない仕事か、の2点で仕事を選んで働いてみよう。合わなければ転職するといい。

興味を持って面白いと思える仕事でないと、ライバルに勝つための努力が続かない。これは競争上決定的に不利だ。

また、**自分の倫理観に反する仕事は、いざという時に頑張りが利かない。**例えば、個人向けの証券営業の仕事を、「工夫すると数字が上がる仕事で、世の中のためにもなっている」と感じる人もいれば、「数字を

上げるために嘘をついているようで嫌な仕事だ」と思う人もいる。
さて、君はどんな仕事を選ぶのだろうか。いい仕事に出会えるといいな。

早く「転職できる人材」になる

例えば、現在、新技術としてＡＩ（人工知能）が注目されている。知的な専門職でも、数年後にはＡＩに代替されて廃れてしまうものが生じる可能性がある。**就職して２年後くらいまでには、仕事の基礎を身につけた「転職できる人材」になっておきたい。**

今の段階では分からなくとも、２年後には先が見通せる職業があるはずだ。職種転換には若い方がいい。

自己投資で得るものは、知識・スキル・経験・人間関係・時間

かつても、これからも、人材価値向上のために自分に投資することの意義と重要性は変わらない。

自分が投資するものは、時間・努力・お金の3つだ。そして、投資で得ようとする対象は、①知識、②スキル、③経験、④人間関係、⑤時間、である。

仕事で差をつけることができる「知識」、仕事の能力向上につながる「スキル」の獲得には、継続的な努力が必要なのが普通だ。自分流の勉強の仕方（先端の論文を読む、など）や技術の吸収の仕方（先輩から学ぶ、など）を工夫せよ。

自己投資というと、すぐに社会人大学院のような教育機関に期待しようとする人が多いが、しばしば疑問に感じる。教えている内容は「誰でも知りうる知識やノウハウ」が多いし、無駄な時間が少なくない。また、残念ながら、国内ＭＢＡの履歴書上の価値は高くない。下手をすると履歴書上で、「この人は、会社の仕事が暇で、職場に不満のあった人だろう」という程度に解釈される可能性さえある。

自己投資に多く必要なのは時間だ。例えば職住近接の住居にお金をかけて勉強や人付き合いの時間を増やすなど、「時間を買う」ことが有効な自己投資になり得る場合がある。

時間の値段を意識する。「年収1千万円は時給5千円」

自分の時間にも、相手の時間にも、経済価値があることを意識するべきだ。例えば、年間250日、1日に8時間働くとして、年収1千万円なら時給は5000円、2千万円なら1万円だ。

そして、実際に仕事に使える時間の価値は、たぶんこれよりもかなり高い。

一つの分野への自己投資の目処は「2年」

学問でも仕事でも、2年間集中的に努力すると「素人とはちがうレベル」程度に達する。この段階で、その分野が自分に向いているかどうかを判断するといい。有望なら時間と努力の投資を続けるといいし、2年やってダメなら、たぶんその分野は自分に向いていない。

「頭のいい奴」、「面白い奴」、「本当にいい奴」と付き合う

人間関係は重要な資産だ。一般に、自分を変える方法は、付き合う人間を変えるか、時間の使い方を変えるかの2通りだと言われている。

付き合うと好影響をもたらす「頭のいい奴」、センスが良くてチャンスを引っ張ってくる「面白い奴」、真に心を許せる「本当にいい奴」、と積極的に付き合おう。そのためには、自分が3種類のどれかの人間になる必要がある。

人間関係の基本は「時間厳守」と「爽やかな挨拶」

なぜ重要かは知っているはずだ。引き続き実行せよ。

勉強会は幹事を引き受ける

人脈と知識を拡げる上で「勉強会」は有力な手段だ。自分で主宰するか、幹事を引き受けよう。自分が主導する勉強会だと、テーマ、講師、スケジュール、勉強会のメンバーを自分に都合良く選ぶことができる。また、会の連絡などを通じてメンバーとの人間関係を強く結ぶことができるし、会の世話を通じて多少の「恩」を売ることもできる。

父は遅くまでこのことに気づかなかった。勉強会には、もっぱら「呼ばれる人」で、それで満足していた。ビジネスパーソンとしてはうかつだった。今になって反省している。

小さな話なのだが、息子には伝えておきたい。

会食は手抜きをするな

政治家の動静を見ると、彼らは毎日のように会食している。重要な話を進める上で会食は大切なセッティングだ。「仕事は会食や飲酒なしにできる」と言う人の多くは、たいして重要な話をしていないだけだ。

仕事でもそれ以外でも会食にあって重要なことは「手を抜くな」に尽

きる。大変だと思うかもしれないが、慣れの問題だ。

場所を設定する幹事になった場合は、使用する店に必ず一度は行っておけ。ネットの情報だけで選んだ店をいきなり使うと、残念な食事や場所であるケースが多々ある。また、重要な会食の場合、事前にメニューを知り場所に慣れておくことが大事だし、有利な材料になることがある。一度訪ねておくと店側からの印象が良くなる点も見逃せない。

食事にあっては、個々の参加者がどのくらい飲んだり食べたりしていて、どういう気分と状態にあるかを常に把握することを習慣としよう。自分の飲食ペースを調整しつつ、飲み物の追加注文や、食事の取り分けなどで、気を利かせるといい。

そこまでするか？　するのだ！　大丈夫だ。慣れると自然にできる。

なお、初めて訪れた店や紹介された店が気に入った場合は、間を置かずに（1カ月以内に）再訪して、「前回が美味しかったのでまた来た」

と言うと、たいていは顔と名前を覚えてくれる。向こう1年間は有効だ。

お酒は「ひとクラス上」を飲め

体質や好みで一人ひとりちがうが、体質的にお酒が飲めて、美味しいと思えて、悪い酔い方をしないなら、飲酒は楽しみとしても、対人関係の上でもプラスに働きうる。

お酒は、自分と同世代くらいの友人が飲んでいるものよりもひとクラス上のものを飲むことを意識するといい。サントリーのウイスキーだと、友人と日頃「角瓶」を飲んでいるなら、自分で飲む時には「白州」、「山崎」あたりを飲む要領だ。人間関係のクラスが上がる時への備えになる。

お酒に詳しくなるのもいい。一案として、ワインは基礎知識の範囲が広く詳しい人が多いので他人に任せて、ウイスキーに詳しくなる手がある。主な蒸留所の個性を覚えるとかなり楽しく語ることができる。ワインよりも基礎知識の範囲がひと桁小さい。

お酒は、あくまでも「美味しい」と思う範囲で飲むことが大事だ。酔うために飲むのは良くない。ヤケ酒は禁物だ。嫌なことがあった日は、むしろ飲まないくらいの心掛けで、お酒と大切に付き合うべきだ。

なお、世間は「飲酒による失敗」に対して、かつてよりも不寛容になっている。大いに気をつけよ。

「父ちゃんに言われたくないよ」だって？　まあ、そうだろうな。許せ。

キャリアプランニングで意識する「28歳」、「35歳」、「45歳」

かつてと今とで、働き方は変わったが、人間の方は大きくは変わってはいない。組織人を前提としたキャリアプランニングで意識すべき3つの年齢は今も案外変わっていない。命令形で箇条書きにすると以下の通りだ。

- 28歳までに、自分の「職」を決めよ
- 35歳までに、自分の人材価値を確立せよ
- 45歳から、セカンドキャリアについて準備せよ

28歳は、30代前半を活かすためのタイムリミット

ビジネスパーソンの能力上の全盛期はズバリ30代の前半だ。仕事を覚えていて、体力もあり、まだフレッシュな感覚が残っている。組織人でもフリーランスでも、この時期には仕事のチャンスが多く、仕事の実績を作るのに適した時期だ。この時期を仕事を覚えてから迎えたい。

新しい仕事を覚えるには「集中的な努力で2年」と考えると、自分の「職」となる専門分野を決めるタイムリミットは30歳−2年＝28歳だ。また、28歳くらいから全く新しいことへの適応能力が目立って衰えることが多い。

就職後にも「職」選びに試行錯誤をしていいが、28歳くらいまでを目

処と考えておきたい。

35歳で人材としての評価が定まる

30代になると、能力上も実績上も個人差が大きく開く。そして、組織内でも、業界内でも、「この人物はできる（できない）」、「大物である（小物である）」といった**個人の人材価値に対する評価が定まるのは、ほぼ35歳だ。**大組織の場合、出世などで目に見える差がつくのはもう少し後だが、人材評価は35歳くらいの時点でほぼ固まっている。

35歳までに人材としての価値を完成させることを意識したい。

45歳がキャリアの曲がり角

人生は、一つの組織や仕事に頼るにはいささか長い。会社や役所の「定年」は60歳、65歳かもしれないが、その先が長い。そして、組織が用意してくれる機会は先細りでつまらないものが多い。

45歳くらいから、高齢期の働き方を見据えた「セカンドキャリア」の準備が必要だ。準備が遅れると、できることの範囲やスケールが小さくなる。

準備として必要なのは、仕事に必要な「能力」と、自分の仕事を買ってくれる「顧客」の2つだ。いずれも獲得には時間が必要だ。準備は早くから始める方がいい。

転職は「人材価値を活かす」ための手段だ

第一章で、リスクを取った働き方が適切になる背景に労働市場の流動性の改善を挙げた。これは、端的に言って、「転職がしやすくなった」ということだ。自分自身も手段としての転職を上手く使いこなす必要がある。職業人生には、自分が持っている人材価値を、育てたり、守ったり、活かしたりするために転職が必要な場合がある。

転職していい理由は3つ

転職を正当化できる目的は大きく分けると、以下の3つだ。

①仕事を覚えるための転職
②仕事の能力を活かすための転職
③ライフスタイルを変えるための転職

典型的には、それぞれ、①主に20代に行う仕事を覚えるため、仕事のレベルを上げるための転職、②主に30代に行う大きな仕事や収入を得るための転職、③主に40代以降に行うライフスタイルと折り合いをつけるため（あるいは、セカンドキャリアの準備をするため）の転職、である。年齢にこだわる必要はないが、自分が何を求めて転職しようとしているのかについては意識的であれ。

転職を「常に」意識する

自分にどのような転職機会があり、自分が獲得できる経済的条件がどのくらいなのかということについては、常にアンテナを張って情報収集するべきだ。人を雇う側も、仕事のエネルギーの何割かを人の採用に割いていることが多い。求職者側も無関心ではいけない。

情報源としては、同業他社の同世代、あるいは少し上くらいの年齢の人々とのつながりを大切にしたい。もちろん、交友関係も有効に使うべきだし、人材紹介会社やヘッドハンターと時々連絡を取って転職市場の様子を知っておくことも有効だ。

転職の「コスト」を意識する

転職の「コスト」として意識しなければならない主なものは、転職の際に無収入になる期間の生活コスト、キャリアの空白がもたらす人材価値の低下、転職での収入低下や年金・退職金の損失、などだ。特に、前二者の影響は大きいので、できれば間を空けずに次の職に移れるように行動することが大切だ。

「転職は猿の枝渡りだ」と覚えておこう。猿は、次の枝を摑んでから、前に摑んでいた枝から手を放す。また、地上に落ちた猿（求職活動で無職の状態）は大変弱い。

転職の際に余裕を持つためには、生活コストを下げること、経済的な備えを十分持つこと、しばらく生活を支えられる配偶者を持つこと、などが有効だが、これらを持っていないからといって、一方的に守りに入るのでは人生がつまらない。

「なんとかなるさ！」という開き直りも時に重要だ。

小さくても副業のチャンスは逃がすな

収入的に大きなものではなくとも、副業できるチャンスがあれば、是非活かせ。原稿書き、デザイン、アプリなどの制作、調査、コンサルティング、物販、飲食店の手伝いなど、さまざまな副業が考えられる。

小さくても収入があると張り合いがあるし、自信にもなる。副業が将来の本業の種蒔きになることもある。本業だけではない「もう一つの別の世界」を持つことの効用は大きい。

本業も副業も時々見直せ

本業でも、副業でも、仕事そのものや、そのやり方が古くなっていないかどうか時々見直せ。

良いと思って始めたプロジェクトや副業でも、父の場合では、10年くらい経つとパッとしなくなることが多かった。そのたびに、顧客のターゲットを変えたり、仕事のやり方を変えたり、新しい仕事を仕込んだりする手を打ってきた。

息子よ。かなり先の話にはなるが、君も時々自分の仕事の生産性が落ちていないかを見直すといい。そして意識的に工夫せよ。

ワークライフバランスは「ほどほど」に

成功者が、十分成功した後に「人生には仕事よりも大切なものがある」と語るのはよくあることだ。その話に嘘はないが、スタートアップでの成功者の大半の若いころは「仕事の虫」だ。**成功を収めるためには、夢中になって高度に集中する時期が必要なのが普通だ。**もちろん、健康や家族などとのバランスも大切だが、ワークライフバランスは「ほどほどに」と言っておく。

お金は必要なだけ稼げばいい

父は、「稼ぎたいなら、有利に稼げ」とは言っているが、君に大金持ちになるために稼げとはひと言も言っていない。

お金は、これが足りなくなって選択に制約をもたらすようではつまらないが、それ自体の獲得を目的に人生を懸けるほどのものではない。例えば、面白いと思える仕事を通じて、必要な程度のお金を稼ぐことができればそれでいい。

もちろん、他人と同じにではなくて、自分で「工夫」するのだ。

機会費用を見落とすな

お金だけの本なら、前の項目で終わりにしていいのだけれども、もう少し我慢して父の話を聞いてくれ。

人生のあれこれの意思決定にあたって、「機会費用」を見落とさないことと、次で説明するが「サンクコスト（埋没費用）」にこだわらないことが大事だ。当たり前のことなのだが、多くの人ができていない。

機会費用とは、ある選択をしたことによって放棄した、選択肢の中の最も利益の大きなものの、その利益をコストだと見る概念だ。

例えば、大学院に行く場合、大学院の総コストは学費だけではなくて、その間に働いていたら得られたはずの稼ぎやスキル・経験などの価値からなる機会費用を加えたものだ。

サンクコストにこだわるな

サンクコストとは、既に発生していて回収が不可能なコストのことだ。意思決定にあたっては、サンクコストを無視して、これから変えることのできる将来にのみ注意を集中することが正しい。

工事のプロジェクトで言うと、過去に掛けた費用はサンクコストだ。工事の今後については、これから必要なコストと工事の完成によって得られるメリットのみを考慮して、得なら続けるべきだし、損なら止める決断が正しい。過去に掛けたコストは関係ない。

投資の場合なら、株式や投資信託が買い値よりも値下がりしている場合の評価損がサンクコストに当たる。これを無視して、将来のことのみを考えて行動することが正しい。

評論のコツは利害と好き嫌いの棚上げ

最後に、経済評論家としての父の個人的な「仕事のコツ」を伝えておこう。評論のコツは、自分の利害や好き嫌いを意識的に棚上げしてから、物事を眺めて、バランスの歪みを探すことだ。

自分の損得や、生活実感、人や国の好き嫌いなどを棚上げするのは難しいが、慣れてくると面白くなる。

君は、経済評論家にはならないだろうと思うが、伝えておく。

終章

小さな幸福論

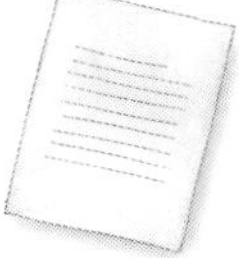

せっかくの機会なので、「幸福」について父の考えを伝えておきたい。

幸福の決定要素は、実は一つだけ

たいていの人間は幸せでありたいと願う。では、幸せを感じる「要素」、あるいは「尺度」は何か。多くの先人がこの問題を考えている。父はこの問題に暫定的な結論を得た。人の幸福感はほとんど100%が「自分が承認されているという感覚」(「自己承認感」としておこう)でできている。そのように思う。

現実には、例えば衣食住のコストをゼロにする訳にはいかないから「豊かさ・お金」が少々必要かもしれないが、要素としては些末だ。また、「健康」は別格かもしれないが、除外する。

お金と自由とは緩やかに交換可能だが、それで幸福か？

「自由度＋豊かさ」、「富＋名声」、「自由度＋豊かさ＋人間関係」、「自己決定範囲の大きさ＋良い人間関係＋社会貢献」、「自由度＋豊かさ＋モテ具合」、などなどいろいろな組み合わせを考えてみたが、まとめてみた時にいずれも切れ味を欠いた。

少し眺めてみよう。

例えば、自分にできること、すなわち自由の範囲が大きいことは一般に幸福だとされている。一方、「好きなこと」で稼いで豊かさを得ることとは簡単ではない。

むしろ、好きではないことを我慢して稼ぐことが、豊かさへの近道に

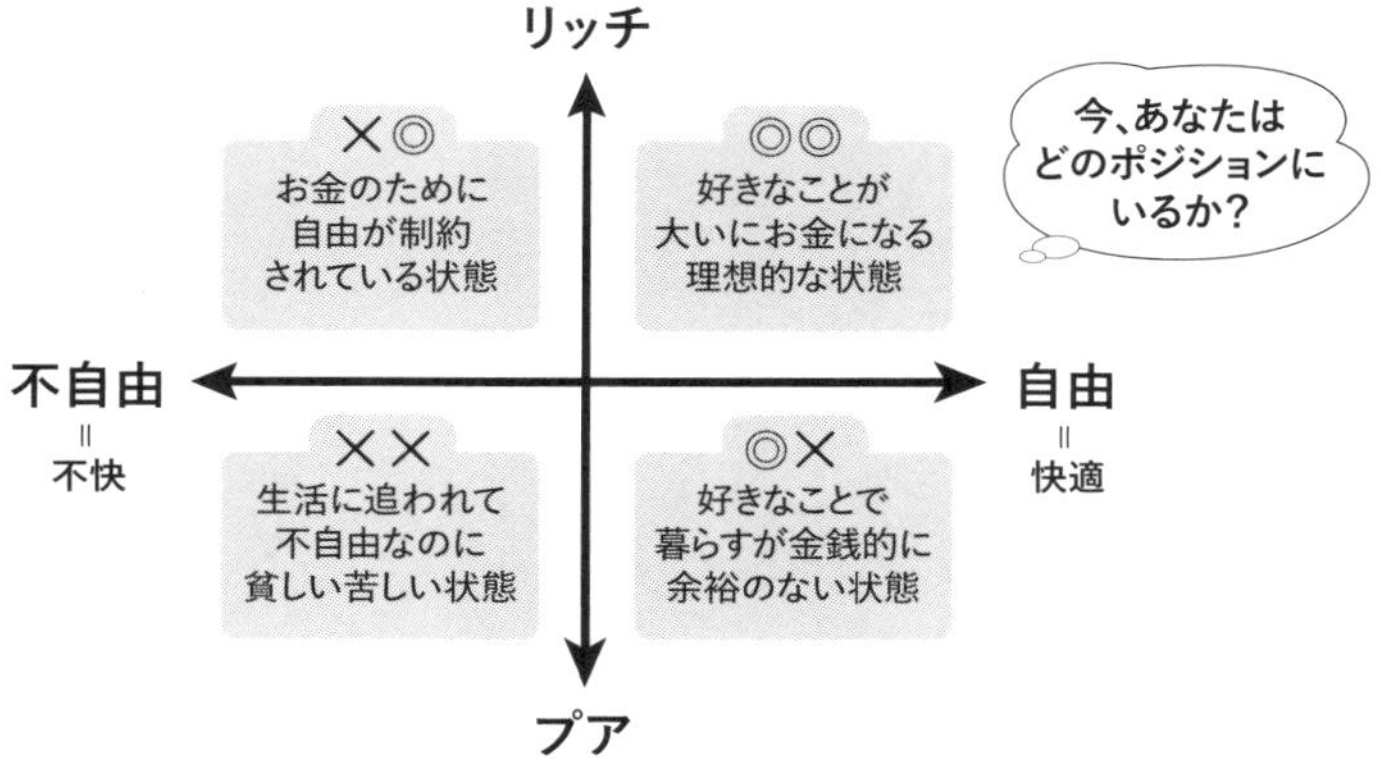

図5：お金と自由のポジショニング

なる場合が多い。

このように自由を我慢してお金に換える交換回路がある一方で、お金があれば、行きたいところに行ける、立派な家に住める、果ては「トロフィー的配偶者」まで手に入る（何のためかは別として）といった自由の範囲の拡大が可能になる。

図5でお金と自由のポジショニングを示したが、仮に左下から出発するとして、右回りで右上を目指すか、左回りで右上を目指すか？　世間には左回りが多いように見える。

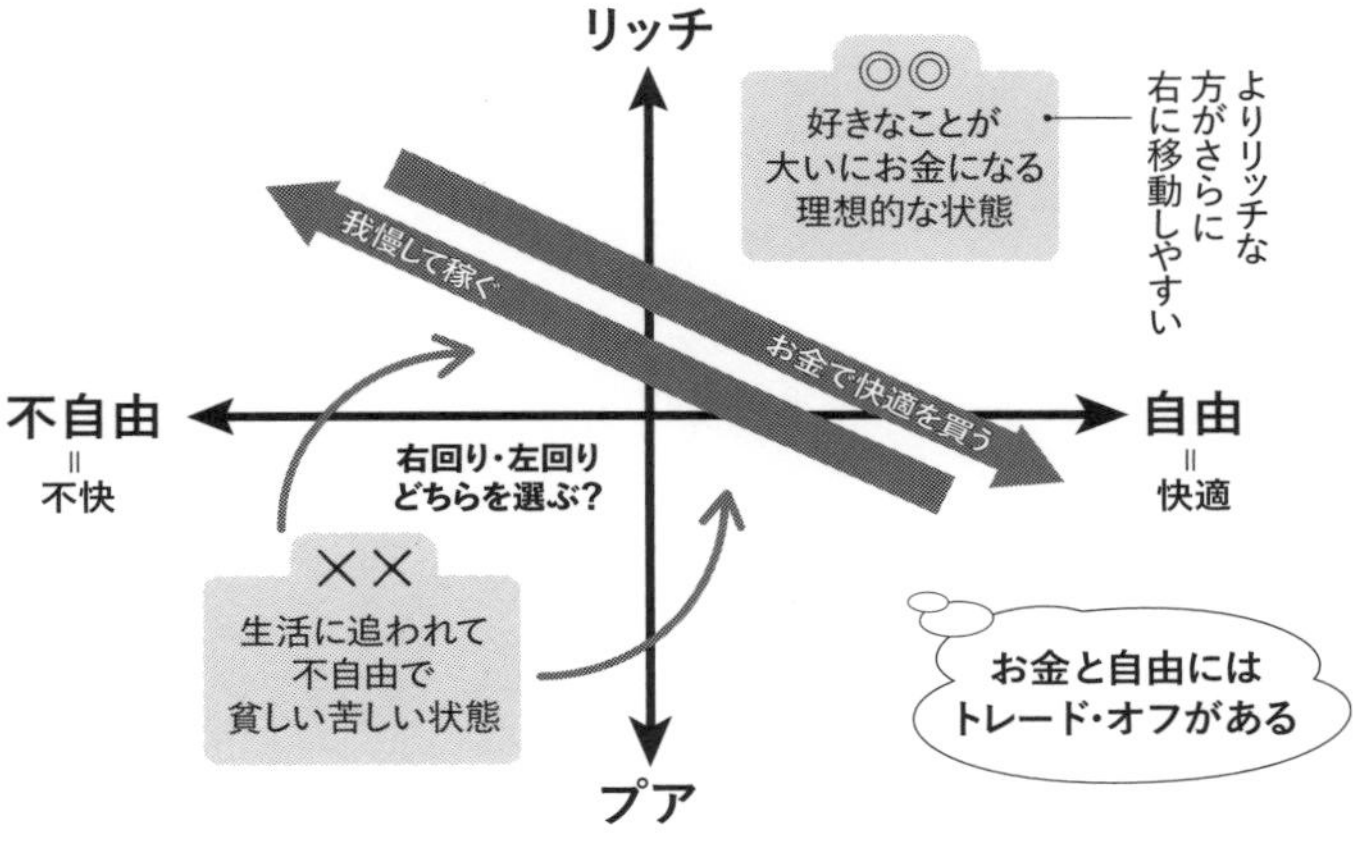

図6: ポジション変更の効果

お金と自由とは緩やかに交換可能だ（図6）。

ちなみに、父の職業人生を振り返ると、図7のような感じだろうか。大まかには左回りだ。金融パーソンとしての後半（外資系証券会社に転職以降）は、そう楽しいものではない時期があった。評論家としての比率が増えて自由度が増してから楽しくなった。

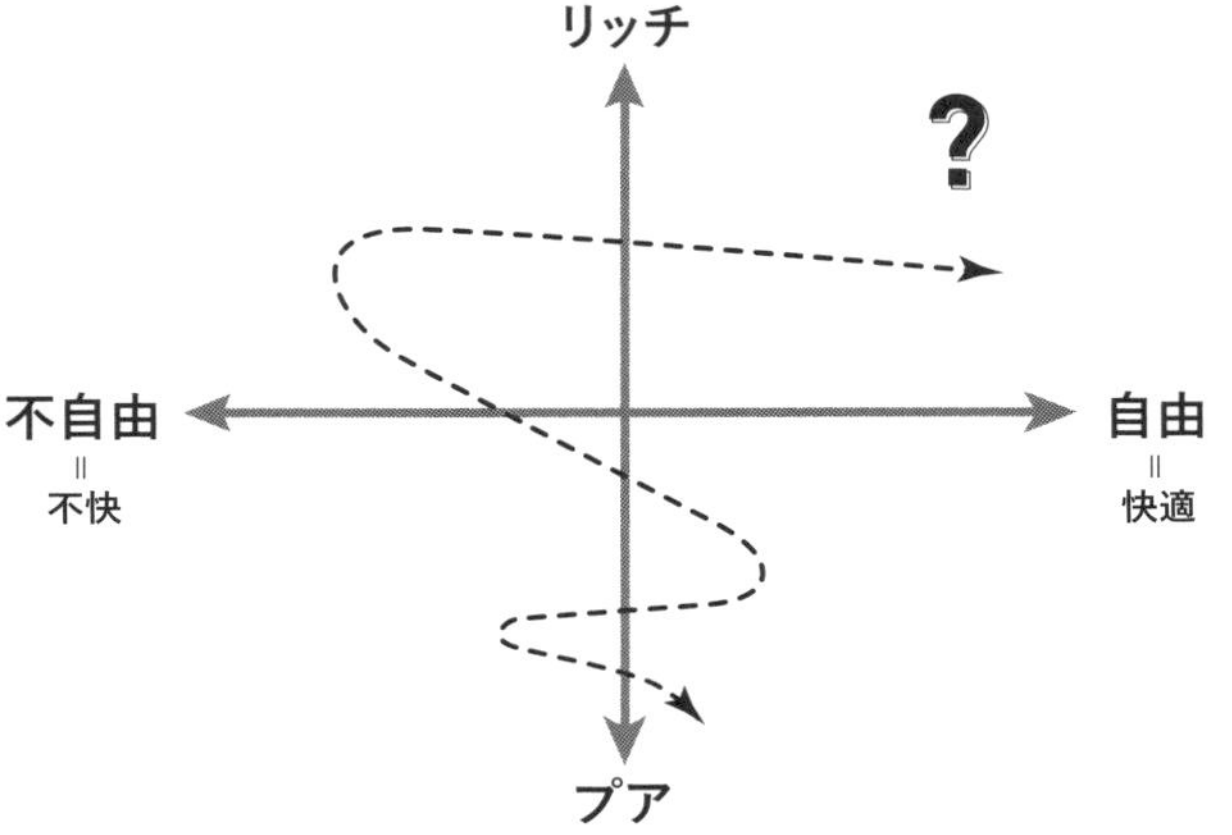

図7：父の人生を振り返ると

モテない男は幸せそうに見えない

幸せについて、いくつかの「基準」の組み合わせを試して考えてみた。すると、一点「モテ具合」という項目が異質で、どうやら妙に重要らしいことが分かった。

各種の経験や豪邸の所有のような自由はお金で買える。名声も買えないことはない。ある種の人間関係までもお金で買えないことはない。しかし、ナチュラルにモテるという状態をお金で買うことは、難しい。そして、「ナチュラルに」モテているのでないと、本人はかえって精神的に屈折してしまう。

父の観察はどうしても男性に偏るが、有名人や世間的には成功者でも、「この男はモテなくて性格がひねくれた」、「この男は若い時にモテなかったので、こじれた性格になった」と思わせる人物が実に多い。実名は挙げないが、あの人も、この人も、モテなかったおかげで性格が歪んでしまったことが手に取るように分かる。

父自身は、20代、30代の切実にモテたかった時期にモテなかった悔しさをそれなりに味わっている。だが、「モテない」の度合いは幸い性格を歪めるほどにはひどくなかった（と思っているが、どうだろうか？）。

その後「モテ」が生理的にそれほど切実でなくなってから、状況が少し改善した。従って、「モテない男」の気持ちはもともとよく分かるし、「モテる男」の気持ちもほんの少しだけ分かるようになったつもりでいる。

女性において「モテ」がどれくらい大切なのかは、実感としては分からない。だが、たぶん、男性に近いくらい重要な要素なのだろうと推測できる。

さまざまな動物の生態が紹介されるテレビ番組をよく見るのだが、生まれて、厳しい環境をくぐり抜けて運のいい個体が成長し、ほぼ生殖の相手を得るためにだけ競争して死んでいく。特に雄はそうだ。人間もこれに近いのではないか。

モテない男は幸せそうに見えない。

仲間内の賞賛には高い価値がある！

人間の幸福感は「モテ」にかなり近い場所に根源があるらしいが、別の例を考えてみよう。

よくある疑問だが、「経済学部の最優秀に近い学生は、実業界に就職したら大いに稼げるだろうに、どうして経済学者を目指すことがあるのだろうか。それは、経済原理に反していないか?」。

論理の上では、効用関数は融通無碍《ゆうずうむげ》なので「経済原理に反する」ということはないのだが、不思議な現象ではある。

それは、「経済学の研究に加わっている自分と、仲間内からもらえる賞賛」に大きな価値があると感じるからだろう。

「フェラーリを一台貰うよりも、いい論文が一本書けて最高レベルの学術誌に掲載され、仲間に賞賛される方が遥かに嬉しい」と思う経済学者は少なくあるまい。

「仲間内の賞賛」は、大きな経済価値の期待値に勝る喜びなのだ。

さて、「仲間内の賞賛」に価値が高いことは、経済学者の世界だけに限るわけではない。他の学問でもそうだろうし、各種の芸事やスポーツ、文学やアートの世界でも同様だ。

「私は、仲間の評価ではなく、自分自身の作品（研究）に満足しているので、他人の評価は自分の幸福感に関係ない」と言い張る人がいたら、「それは勘違いでしょう。もう少し素直に考えましょうよ」と言いたい。

価値観の99%は他人が作った概念でできている

そもそも、学問にせよ、芸術にせよ、スポーツやゲームであっても、どのジャンルも過去から現在にかけて多くの他人が創り上げてきたものだ。どんな芸術性があり、どんな研究が研究として価値を持つかといった諸々は、他人にすべてを決められているものではないにせよ、他人の価値観（つまり他人の視線）の影響を受けている。

価値観として個人が自分の自由や創造だと考えているものは、他人が築いた価値観にごく小さなものを付け加えたか、いくつかの選択肢の中から何かを選び取ったに過ぎない。

特定の専門のジャンルでなくても、「美しい響きの言葉」とか、「正義」といった価値尺度は、過去から現在にかけて他人が形成した夥《おびただ》しい感じ方の影響を受けている。

人間は、自分だけで価値観を形成して自分を満足させられるほど高性能にはできていない。

その証拠に、「他人の評価は関係ない」と言い張る当人が、芸術作品や論文を世間に発表するではないか！

仲間内の評価には「強過ぎる効果」がある

仲間内で評価されることが人の喜びなのは結構なことだが、現実にはしばしば厄介だ。効果が強過ぎるのだ。

例えば金融パーソンが良心を麻痺させて理解力の乏しい高齢の顧客に高い手数料の商品を売るのは、組織内での自分の人事評価や出世のためだ。財務省の官僚が不適切なタイミングであっても増税を決めたがるのも「仲間内の評価」のためだろう。何とくだらなくて、迷惑なことか。

これらはポジティブな評価を求める行動だが、いわゆる「いじめ」では、対象者の仲間内での評価を徹底的に貶めることによって、時には自死にまで追い込むことさえある。

自己承認感によるマインドコントロール

自己承認感によって人をコントロールすることを最も大規模に成功させているのは宗教だろう。

自爆死するテロリストは、宗教に「洗脳」されて、「来世の幸せ」を信じて、自死をも厭《いと》わずテロに及ぶと一般的に理解されるようだが、これは本当だろうか？

思うに、宗教の「効用」は、来世の幸福への期待になどあるわけではない。現世で仲間から得られる自己承認感にあるのではないか。「すべての」と言い切る自信はないが、多くの宗教は、信者が来世的な幸福をリアリティを伴って信じているからではなく、現世においてグループ内で自己承認感を得られる「現世利益」を得ることによって成り立っている。ある種の信者にとって、これを急に失うことは、自死をもってでも避けたい事態なのかもしれない。

「来世」は、ただ「そうであるかもしれないことが否定はできない状況」として精神的な逃げ道として存在するならそれでいいのだ。

若者でも高齢者でもいい。孤独な人物を見つけたとしよう。彼（彼女）に「場」と「役割」を与えて、仲間内から評価されるような仕組みを作ると、いわゆるマインドコントロールはそう難しくなく可能なのではないか。

宗教と似ているというといささか極端に感じるかもしれないが、仕事を退職した高齢者についてしばしば問題になるのは、会社や職場という場を失った彼ら（彼女ら）に居場所がないことだ。

複数の「場」を意識的に持て

人は案外簡単にコントロールされるものであることを覚えておこう。もちろん、自分が不本意なコントロールを受けないために、である。自分で自分の意思決定を自由に行うことができるようになるためには、複数の場を持つことが重要だ。一つの「学界」、「会社」などに没入し過ぎることは問題だ。

「この世界があれば、会社などなくてもいい」と思えるくらいの場が会社の外にあれば理想的だ。そうした場を得るためには、それなりの努力と時間が必要だ。よく覚えておけ。

他人との比較という厄介な問題がある

自己承認感には、他人との比較に陥りやすいという、回避の難しい問題がある。なかなか、「そこそこ」では、安心と満足を同時にもたらしてはくれない。対策は、何らかの比較から意図的に「降りる」ことだ。

父は、主として所有不動産の比較から意図的に降りた。

しかし、他人との比較を心の中から完全に排除することは難しい。

幸福感には邪魔が入りやすいものなのだ。

「2割増しの自由」を複数組み合わせよ

他人の価値観の影響を受けるからといって、他人に合わせたり、他人の言いなりになったりする必要はない。特に経済的には、「他人と同じ」をむしろ意識的に避けるべきだと考えておくくらいでちょうどいいことは、第二章で説明した通りだ。

父から息子へのお勧めは、あれこれについて、他人よりも2割増しくらいを目標に自由を拡大してみようとすることだ。働き方、思想、家族関係、時間の使い方、趣味、恋愛、交友関係、など対象は何でもいい。時に他人との軋轢《あつれき》を生むとしても、2割増しくらいなら許してもらえることが多いだろう。

そして、一つひとつは2割増しに過ぎなくても、「2割増し」を複数組み合わせると、あたかも掛け算のように自由の範囲が拡がる。すると、面白い人間ができあがる。

自由の拡大に勇気を持とう。

「自分の嬉しいこと」を言語化せよ

思うに、幸福は、人生の全体を評価・採点して通算成績に対して感じるようなものではなくて、日常の折々に感じるものだ。「振り返ってみて、幸福だった（不幸だった）」という考え方・感じ方には、前向きな意味がない。「サンクコスト」なのだから当然だな。

日常の一日一日、一時一時を大切にしよう。幸福感は「その時に感じるもの」だ。

そして、自分にとって、どのようなことが嬉しくて幸福に感じるのかに気づくといい。できたら、それを言語化しておこう。

父は、自分を顧みて、何か新しい「いいこと」を思いついて、これを人に伝えて感心された時に自分が嬉しいことに気がついた。小さな功名心のようなものに過ぎない。ショボいと思うだろうか？　しかし、よく考えてみると、仕事のやり甲斐はほぼこれだけのような気がする。そこで、これをキャッチフレーズ的に言語化してみた。

「私のモットーは、（1）正しくて、（2）できれば面白いことを、（3）たくさんの人に伝えることです」。シンプルで気に入っている。

息子よ。君も、自分が嬉しく感じるのはどのような時なのか、言語化してみよ。上手くできると、ずいぶんスッキリする。

「モテ」の秘訣はただ一つ

さて、ナチュラルにモテる男は幸せそうに見えると言ったな。しかし、そのためにどうしたらいいかを息子にまだ伝えていなかった。

しかし、息子も分かっているだろうけれども、父は、率直に言って「モテ」の道の達人でも上級者でもない。しかし、目標だけ言って、解決策を提示しないのは不誠実だ。以下、仮説に過ぎないが、モテる男になるためのコツを述べておく。

それは、心からの興味を示しながら、相手の話を熱心に聞くことだ。ひたすら聞くのだ。これが肝心だし、これだけでいいのかもしれない。自分から行う自分語りは一切いらない。自分について語ろうとすると、どこかに自慢やアピールが混じる。やめておけ。

父は、世間を観察して、いわゆるスペックの高い男でも、自分語りが多い男は驚くほどモテないことに気がついた。これは同時に父が若いころにモテなかった理由であったかもしれない。反面教師的な有力データだ。

この仮説はそこそこに機能したように思うが、検証にはサンプル数が足りない。検証の続きと理論の発展を息子の代に任せる。頑張れよ！

上機嫌で暮らせ！

結論を述べる。

モテる男になれ。友達を大切にせよ。上機嫌で暮らせ！

父の長話に付き合ってくれて、どうもありがとう。

付記

大人になった息子へ

息子への手紙全文

実際に息子に送った手紙の全文を掲載する。一部に修正があるが、ほぼそのままだ。基本的には、お祝いの手紙だが、大人に育った息子に向けた父親からの感謝状の意味もある。大人に育ったことで親孝行は十分済んでいるから、後は好きにせよ、というのが大意だ。

ついでに、子育ての意図などについても説明しておいた。意外に言語化されることが少ないので参考にしてくれたらいいと思った。

手紙の文章のついでに、将来の働き方や稼ぎ方について、十数行付け加えた。経済評論家として、つい書いてしまったのだ。以下の文章の中で、その部分はゴシック体にしてある。本書は、主にこの十数行を具体的に説明したものだ。

大人になった息子へ

お祝いの言葉

あらためて、いろいろなことに、「おめでとう」と申し上げます。

先日は、貴君の誕生日だった。そして、海城中学高等学校を無事に卒業した。何よりも東京大学に合格して、これから入学を迎える。考えてみると、入試に臨んでいたのは17歳の時だった。早生まれの不利を克服してよく合格したものだと思う。

東京大学の合格には複数の大きな意味がある。

私としては、何よりも、自分の息子が目標を立てて、努力してその目標を達成したことを喜びたい。一連の努力と達成は、人生にあって自信の一つになるはずだ。この経験を一つ持っていることは大きい。

第一志望の大学でもあったことだし、東大に合格しておくと、将来学歴を気にする必要がなくなることは精神的なメリットだ。

また、実利として、東大の同級生は面白いはずだ。たとえば、「偏差値66~70」の人を集めた集団よりも、「偏差値68以上で、上は青天井」が集まると、勉強でも、勉強以外でも多彩な人物が集まる。傾向として、頭のいい奴は、性格もいいし、面白い。屈折していないし、興味の対象に向かう余裕を持っているからだ。「頭のいい奴が集まっている面白そうなグループ」があれば、臆せずに首を突っ込むといい。仮に貴君がその分野の天才でないとしても、貴君には役割があるはずだし、天才君達が可愛がってくれるはずだ。そして、気がつくと貴君のレベルも上がるし、財産になる人間関係ができる。

合格は、あくまでも貴君が自分のために努力して自分のために獲得したものだ。そうなのだが、親にも余得がある。何よりも気分がいい。この善し悪しは別として、特に母親の方だが、世間では「東大生の親」というものにブランド価値がある。父親の方も、「さすがですね」くらいには褒められることがある。有り難く受け取っておくことにする。

合格に際しては、毎日弁当を作り、ＰＴＡ活動などに参加して情報を集め、貴君の話し相手になり、といった日常を積み重ねた母ちゃんの貢献が大きい。受験生として「母ガチャ」は大当たりだった。感謝するといい。

育児の方針

父親として、貴君の子育てについて考えていることを記しておく。

率直に言って、私は「自分のような息子」が欲しかった。息子が生まれて大いに喜んだ。平凡だが事実だ。

自分の息子に対して是非やってみたかったのは、余計なプレッシャーを与えずに育ててみることだった。子供の方では「プレッシャーはきつかった」と思っていたかも知れないけれども、父親側ではそう思っていた。ここは、認識にギャップがあるかも知れないが、まあ聞いて欲しい。

私は子供時代に、愛情が深いけれども厳しい母親の「愛と脅しの日々」の下に育った。そのおかげで頭が働くようになった面もあるし、対人的観察力が養われた面もある。しかし、物事の見方が悲観的で、自己肯定感が低く、自分にも他人にも厳しい嫌な性格に育った。もう少しおおらかに育つとどうだったのだろう、と思わなくもない。私が東大に入ったのは、母親から離れて暮らすことが大きな目的の一つだった。

男の子にとって、早くから母親から離れて暮らすことは有益だ。母親の物の見方の外に出ることが大事だからだ。経済的な効率は悪いけれども、貴君に是非とも一人暮らしをさせたいのは、貴君に対する私の最後の教育方針だ。現在の貴君にはこの方針を適用する価値がある。何年か早く名実共に大人になるはずだ。このアドバンテージは大きい。

因みに、私の父親はかつて教師だったこともあり、息子に対して大変よく関わったと思う。息子の興味の先を見逃さずにあれこれを与えたし、キャッチボールも自転車乗りも気長に指導してくれた。彼なりの思想や哲学を、頭のいい批判的な息子に対して背伸びをしながらも語ってもくれた。私は彼が32歳の時の子供なので、富士彦さん（注：著者の父親）には体力が十分あった。教職を通じて培った子育てへの思いが丁度いい程度にあった。正直に比較するとして、父親としての息子に対する貢献では、私は私の父に遥かに及ばない。父親としての私の点数は高くない。

それでも、少しは「男の子の父親」らしいことをさせてもらった。それらしい気分を味わえた。この点は大いに感謝している。

既に10年前にすっかり肩がへたっていたのは誤算だったけれども息子とキャッチボールができた。自転車乗りを手伝ったし、サッカーに至っては教えられることが何もなくてボールを目の前に呆然とする経験もあった。卓球も少しやったか。将棋が共通の趣味になったのは、望外の幸運だった。金玉の医者にも同行した。これも父親の仕事だった。

一方、勉強は教えてやれなかったし、勉強を教えることを意図的に遠慮した。自分の子供に上手く教えられる自信は全くなかったし、きっと逆効果になると思ったからだ。これは、分かってくれていたと思う。

貴君の勉強については、電車のような興味のある対象を見つけてあれこれを覚えるようになったことで、先ず一安心した。次に、コンスタントな努力ができて最後に一伸びして本番に強かった中学入試でもう一安心した。その後は、期待通りの路線を期待以上に伸びてくれた。貴君自身に底力がある。

受験勉強は辛かっただろうか。もっと別の分野に時間と努力を投入したかっただろうか。端的に言って、経済的なコストパフォーマンスは、貴君の場合勉強が一番有利だったと思う。世間一般でもそうした場合は多い。

競争が世界的になっていることを思うと、もう一段階他人に差を付けるための追加的勉強は、これまでの時間と努力の投資を活かす「有効な投資」になるはずだ。興味のない分野は努力の効率が悪いので、興味のあるテーマを見つけて勉強するといい。

貴君の今後について

貴君はこれからどうしたらいいのか。

こちらから指示したり頼んだりしたいことは何もない。好きなようにやってくれていい。

それがいいと思えば大学を中退してもいいし、学生結婚して孫でも連れてくるなら大変面白いし、才能があるかどうかに疑問があるけれども詩人だのアーティストだのを目指してもいい。革命でもいい。仮に、やったことが違法でも、その意図が理解できれば、私は息子の味方だ。

父親である私は、私自身のやりたいことをやればいいし、子供である貴君に引き継いで欲しいと思っている理想なり事業なりがあるわけではない。貴君は「父の思い」にこだわる必要は全くない。

貴君が将来何をするかは興味を持って大いに楽しみにしているけれども、元気で生きていてくれたら満足以上だ。親孝行は、18歳の時点でもう十分に済んでいる。

日本では、法的には18歳で大人だそうだが、大半の18歳が話にならないくらい未熟な子供であることを、貴君もご存知だろう。だが、貴君には早く大人になって欲しい。

まだ慣れないけれども、私としても、息子を一人の大人として尊重したいと思う。この手紙の宛名に「様」がついていることや、「貴君」という耳慣れない呼びかけは、それを表しているつもりだ。

幸い、息子は順調に育った。背は父よりも高いし、父がかつて入りたかった東大の理類に入った。将棋もまあまあ強い。性格は父よりも遥かにいい。こうした、自分の言わば「上位互換」の子孫がいることで、不思議な「生物学的安心感」とでも言うべき感情が生じている。今回、私は癌に罹って、なかなか厳しい状況に立っているのだけれども、気分が暗くならないのはそのおかげだと思う。

一つお勧めを記しておこう。子供はできるだけ早く持つといい。私は一巡目の結婚の際も含めてだが、少し遅かった。自由な時間を手放したくなかったから結婚が遅くなったのだが、結婚しても、子供がいても、自由にするといいのだ。

世間で言うと叱られそうだが、特に息子はいい。自分の息子が可愛いと思う時に、かつて自分の父親は自分のことをこんなに可愛いと思っていたのかと感じ入ることがあるのだ。強くお勧めしておく。

仕事は興味が持てて価値観に反しないものなら何でもいい。面白ければ続けるといいし、面白くなければ変えたらいい。簡単な話だ。貴君は面接に強いから転職は自在にできるはずだ。

お金の稼ぎ方では「株式」に上手く関わることがコツになる。起業でも、ベンチャーへの参加でも、ストックオプションをくれる会社への転職でもいい。

私の時代は、出世したり専門家になったりして「労働時間を確実に高く売る」のが無難な道だったが、時代は変わった。株式性の報酬が有利

だ。

「自分を磨き、リスクを抑えて、確実に稼ぐ」ことを目指す古いパターンよりも、「自分に投資することは同じだが、失敗しても致命的でない程度のリスクを積極的に取って、リスクの対価も受け取る」のが、新しい時代の稼ぎ方のコツだ。リスクに対する働きかけ方が逆方向に変わった。

仕事で株式性のチャンスに恵まれない場合は、インデックスファンドの長期投資が効率のいい株式リスクとの付き合い方になる。これは、凡人でもできるけれども、一見偉そうな他の投資よりも優れている。お金にも働いて貰うといい。

以上、平凡だけれども、経済評論家としてアドバイスしておく。貴君の今後が大いに楽しみだ。

私の今後について

私は今後どうするつもりか。

自分の残りの持ち時間を推測しながら、自分の行動選択を最適化するのが基本方針だ。「やりたいこと」は持ち時間に応じて複数ある。

私のやりたいことは、**（1）正しくて、（2）できれば面白いことを、（3）なるべく多くの人に伝える、**の3条件に集約できる。

経済の仕組みや金融ビジネスの企みについて、他人よりも先に気づいて、できれば辛辣且つユーモラスに広く伝えることは張り合いがある。一冊一冊の本や、一本一本の記事の目的はその点にあるつもりだ。

一例を挙げる。仮に、私に時間とエネルギーがたくさんあれば、「マーケティングの効果を解毒するサービス」をビジネス化することに挑んでみたい。世間が称えるマーケティングとは、「本来の価値以上の価格でたくさんのモノを売るための技術の集大成」だ。「ボッタクリのテクニック集」だとも言える。消費者は、マーケティングのおかげで、無駄なモノや無駄に高いモノを買わされている。

このマーケティングの効果を防ぐ免疫のような機能を果たすサービスがあれば、消費者に経済的な利益をもたらすはずだ。利益を提供するのだから、ビジネスになり得る。これを適価で提供する仕組みを考えて事業化したい。

だが、このビジネスを形にして、世界に大きな影響力を持つには、先ずアイデア段階から多大な時間と努力が必要だ。最低10年は掛かりそうなプロジェクトだが、「余命10年」は今の状況では自信がない。

現状では、もう少し短期間でも効果の得られるプロジェクトに取り組むことになると思う。

私が池袋の家を出て一人で暮らすことにしたのは、時間と自由をより多く確保したいと思ったからだ。仕事にも、趣味にも、生活にも、「もっとこうしたい」と思うあれこれがある。例えば、近年、自分の趣味に使う時間が少なくなっていたのは一つの反省材料だ。

どの程度のことができるかは分からないが、父のやることを、興味を持って眺めていてくれたら嬉しい。

以上

あとがき

本書を書き終えてみて、自分の子どもたち世代に伝えたいことは、これでひと通り全部伝えられた、という満足感が著者にはあります。

実は、著者は２０２２年の夏に食道癌に罹ったことが分かり、手術等の治療を経ましたが、２０２３年の春に再発が分かりました。そして、5月には、あと3カ月保つだろうか、と自分も周囲も思うところまで体調が急降下しました。

その時に、余命3カ月なら、ぜひやっておきたいと思った三つのことのうちの一つが本書の執筆でした。その後、幸い体調がいくぶん持ち直して、今、この、あとがきを書いています。残りの二つは、いずれも達成済みです。特別な満足感は、そのせいかもしれません。

さて、読者は本書をどう読まれたでしょうか？

幸い、著者には大学に入ったばかりの息子が実際にいて、これまでの約18年間を総括する、父から息子への感謝状的な手紙を書きました。彼に語りかけるつもりで後世代に伝えたいあれこれを書いたのが、本書の成り立ちです。

「息子を甘やかし過ぎではないか」と思う読者がいらっしゃるかも知れませんが、「それは、ちがう」と申し上げたい。

18年間の君は、可愛かったし、これまでを褒めてやってもいいし、親孝行はもう十分済んでいる、という実際の手紙に書いた内容に嘘はありません。

ただし、手紙も、本書全体も、これからの君は物事をすべて自分で決めて、結果に対して100%責任を負う「大人」なのだから、もう勝手に生きろ、という、言わば父子の決別宣言と、その記念の手土産が本書です。

息子にも、読者にも、本書が経済と付き合う上で、いつまでも役に立つ「明るい人生のマニュアル」であり続けることを、著者は心から願っています。

さて、最後に「幸福」に関して父が見つけた「秘訣」をお知らせしましょう。

それは、**幸福感は一時のもので、「人生は通算成績で計るものではない」**ということです。

「本人」は、最後まで幸福感を感じることができます。一方、「通算成績」を最後の最後まで持って行くことはできない。

つまり、幸福のための努力は最後までできる。しかし、通算成績は

「他人」にしか見えないし、これを持って行くことはできません。こちらについては、将来のあれこれが見られないことが純粋に「残念」ではありますが、「希望」もまた捨てる必要がありません。

つまり、「幸福」と「希望」の両方に対して、それぞれに誠実に向き合うといいのです。君への手紙の最後を、「父がやりたいこと」で終えたのは、そういう意味でした。

息子本人と、すべての読者の幸せを祈ります。

どうもありがとうございました！

山崎　元

本書は、２０２３年春、ご子息が大学に合格されたのを祝って送られた手紙が元になっています。「われながらなかなかよく書けたので、企画の参考になるかもしれない」といって、見せてくださいました。山崎さんの人生哲学が込められたとても良い手紙だったので、「これを元に、若い人たちに向けたメッセージを書きませんか」とお願いしました。闘病のなかでしたが、明るく書き進めてくださいました。あとがきを書き終え、２０２４年１月１日に永眠されました。これまで長きにわたり、世の中にたくさんの情報や考え方をわかりやすくユーモアある筆致で伝えてくださったことに感謝を捧げるとともに、ご冥福を心よりお祈り申し上げます。

編集部

経済評論家の父から息子への手紙
お金と人生と幸せについて

2024年2月27日　初版第1刷発行
2024年4月 1 日　　　第5刷発行

著　　者　山崎　元

発 行 人　土屋　徹
編 集 人　滝口勝弘
編集担当　友澤和子

装丁デザイン　株式会社弾デザイン事務所
D　T　P　株式会社アド・クレール

発 行 所　株式会社Gakken
〒141-8416 東京都品川区西五反田2-11-8
印 刷 所　中央精版印刷株式会社

≪この本に関する各種お問い合わせ先≫
●本の内容については、下記サイトのお問い合わせフォームよりお願いします。
https://www.corp-gakken.co.jp/contact/
●在庫については　Tel 03-6431-1201(販売部)
●不良品(落丁、乱丁)については　Tel 0570-000577
学研業務センター　〒354-0045　埼玉県入間郡三芳町上富279-1
●上記以外のお問い合わせは　Tel 0570-056-710(学研グループ総合案内)